MISSBRAUCHTE KINDER

Klaus Lukas

MISSBRAUCHTE KINDER

Die Globalisierung der Perversion

WIEN • MÜNCHEN • ZÜRICH

Ein Verlag der Donauland-Gruppe im Hause Bertelsmann

ISBN 3-7015-0411-3
Schutzumschlaggestaltung: Zembsch' Werkstatt
unter Verwendung eines Fotos der Image Bank (Foto: Harald Sund)
Satz: Zehetner Ges. m. b. H., A-2105 Oberrohrbach
Druck und Bindung: Wiener Verlag, Himberg bei Wien

Gesetzt nach den Regeln der neuen deutschen Rechtschreibung

INHALT

PROLOG

„200 Millionen Menschen sind Opfer moderner Formen von Sklaverei", empört sich Dr. Michael Platzer vom UN-Center for International Crime Prevention. Viele von ihnen sind Frauen und Mädchen, die für sexuelle Zwecke gehandelt werden.

Zweihundert Millionen Sklaven, darunter viele Minderjährige, verglichen mit dieser horrenden Anzahl menschlicher Verkaufsgegenstände zum Zweck der geschlechtlichen Ausbeutung muten frühere Sklavengesellschaften fast human an.

Vor allem wenn man bedenkt, dass blutjunge Mädchen, ja immer häufiger Kinder bevorzugte Opfer dieser modernen Sexsklaverei sind. Nicht eingerechnet sind hier die Kinder, die zu Hause, von den eigens zu ihrem Schutz Bestellten, von Verwandten, Erziehungspersonen, von Lehrern und Priestern missbraucht werden. Mindestens jedes zehnte Kind soll nach Schätzungen davon betroffen sein, der sexuelle Kindesmissbrauch hat eine in seinen Folgen bisher noch kaum zu ermessende Dimension bekommen.

Besonders im Zusammenhang mit dem Sextourismus werden Minderjährige wie Massenprodukte, ja Wegwerfware behandelt. Man benützt sie, beschädigt sie, zerstört sie und wirft sie weg. Die Konsumgesellschaft hat hiermit die niedrigste, verwerflichste Stufe der Dekadenz erreicht. Sie konsumiert Kinder. Bordelle sind zu Supermärkten der jungen Körper und der traurigen Augen geworden.

Und zur Steigerung der Genüsse gibt es natürlich auch den Feinkostladen. Wer subtilere Wünsche hat, die die Vorstellungskraft der Normalfantasie noch weit übersteigen, kann um viel Geld jede auch noch so abartige und verbrecherische Lust stillen; selbst das brutalste Spiel mit dem Tod hat noch seinen bezahlbaren Preis.

Für solche Sexkonsumenten gelten keine Grenzen, erst recht kein Mitgefühl oder gar Erbarmen mit dem gekauften Menschending. Überhaupt spielen Grenzen keine Rolle mehr, nicht die Grenzen des anderen, der für seinen Benutzer ohnehin nichts weiter ist als ein Lustobjekt, nicht die Grenzen zu anderen Ländern und Völkern.

Die Mächtigen und Reichen jetten durch die Welt und bedienen sich ungeniert bei der Armut.

Und Armut ist nicht mehr nur Hunger, Krankheit, Obdachlosigkeit. Die Armut hat zusätzliche, neue Gesichter. Es gibt auch eine zutiefst quälende, äußerst erniedrigende Armut, die aus dem Bewusstsein entsteht, dass es auch andere Lebensmöglichkeiten gibt: Von Plakatwänden und Fernsehschirmen lacht eine Scheinwelt mit satten, lebenslustigen Menschen. So sorglos möchte auch das Kind in Lumpen einmal lachen können.

Der Weg von der Wellblechhütte vorbei an der Plakatwand, durch die Schlammpfützen, die der letzte Taifun hinterlassen hat, hinüber in die Bordellstraße und von dort in das klimaanlagengekühlte Luxushotel zur reichen weißen Langnase aber ist kurz.

Ein schwammiger, hässlicher, fettbauchiger Weißer, an dem zwei philippinische Kinder wie traurige Kletten hängen, ist Symbol der schändlichsten Abart des Tourismus geworden. Der im Heimatland Verschmähte kann sich in der Fremde um wenig Geld mädchenhafte Jugend und entweihte Unschuld kaufen. Das Angebot ist riesig und der Preis schmachvoll niedrig: Zerstörung menschlicher Würde für ein Almosen.

Und es gibt für jeden etwas: Schlepperbanden und moderne Sklavenhändler liefern junge Frauen und Mädchen aus der Ukraine nach Israel in die Prostitution. Hungernde Straßenkinder werden in Bukarest von pädosexuellen Managern aus ganz Europa missbraucht. „Bumsbomber" aus aller reichen Herren Länder schaffen Sexbesessene in großer Zahl auf die Philippinen und nach Thailand.

Das Phänomen Kindersextourismus hat unendlich viele Gesichter. Noch sind Ausmaß und Auswirkungen dieser psychischen Krankheit unserer Zivilisation kaum zu ermessen. Institutionen, Politiker und Botschafter glauben das Problem verniedlichen zu müssen, um das Prestige ihrer Länder zu wahren und um die Zahlungsbilanz nicht zu verschlechtern.

Erreichbar aber sind – vielleicht – die Täter. Und greifbar. Der Anteil unter den Sextouristen, die Minderjährige schänden und dabei sozusagen Zufallstäter, also „normale Männer" sind, liegt Schätzungen zufolge weit über 90 Prozent. Solche Täter trifft, gerade wenn sie nur Gelegenheitstäter sind und keinem inneren Zwang unterliegen, ein besonders hohes Maß an Schuld. Genau sie aber könnten andererseits möglicherweise durch unmissverständliche Aufklärungskampagnen und gezielte Informationen ansprechbar sein.

Deshalb ist es notwendig, sich eingehender auch mit den Tätern zu befassen. Dabei aber darf niemals das schreckliche Leid, das solche Männer den von ihnen benutzten Kindern zufügen, außer Acht gelassen werden. Doch gerade um der Kinder willen tut Aufklärung Not, Aufklärung in jeder Hinsicht.

Kinderschändung und Sextourismus

Am 9. Dezember 1996 stand im Gerichtssaal von Iserlohn erstmals im Zusammenhang mit Sextourismus ein kleines philippinisches Mädchen im Zeugenstand, die zehnjährige Pia.

Mit stockender Stimme berichtete die verschüchterte Kleine von den Erniedrigungen, die ihr durch den Angeklagten Thomas B. (32) angetan worden waren: sexuelle Gewalt, Demütigungen, Perversionen.

Zusammen mit einem dreiundzwanzigjährigen holländischen Pädagogikstudenten, dem ehemaligen Vorsitzenden einer niederländischen Pädophilenvereinigung, war der Mann nach Manila geflogen und hatte dort von einer zuvor ausgekundschafteten Zuhälterin die beiden Mädchen zum Preis von 300 DM für fünf Tage „gemietet". Gemeinsam waren sie dann auf die Ferieninsel Boracay geflogen. Wie Sexsklavinnen hatten der Deutsche und sein holländischer Mittäter die damals neunjährige Pia und ihre vierzehnjährige Freundin Marlyn gehalten. Vier Tage lang wurden die Kinder wiederholt für pornografische Filme missbraucht und gezwungen die beiden Männer zu befriedigen. Gefesselt auf einem Bett filmte Thomas B. auch in Nahaufnahme die Genitalien des kleineren Mädchens, während sein Kumpan sich gleichzeitig von der Größeren bedienen ließ. Für die Kinder ein unsäglich erniedrigender Vorgang. Für beide bedeutete ihre Aussage vor dem deutschen Gericht die Möglichkeit endlich aus der Rolle des ohnmächtigen Opfers aussteigen zu können und wenigstens einen ihrer Peiniger der verdienten Strafe auszuliefern.

Die schreckliche Geschichte von Pia und Marlyn ist leider kein Einzelfall. Zwar ist jede Form von Prostitution, insbesondere aber der Handel mit Kindern, bis heute offiziell in den vom Sextourismus heimgesuchten Hauptreiseländern, auf den Philippinen sowie auch in Thailand, verboten, doch – und das gilt weltweit – gerade deshalb eines der profitabelsten Geschäfte der organisierten Kriminalität. Außerdem ist es auch weit weniger gefährlich als etwa der Drogenhandel oder der Waffenschmuggel, weshalb die internationale Mafia sich vermehrt auf den kommerzialisierten Kindesmissbrauch als boomenden Geschäftszweig verlegt – (wie auch im Bericht des Europaparlaments, verfasst von Martin Schulz, vom 9. 10. 1997 nachzulesen ist). Und die Nachfrage steigt.

Wie geworben wird

Nachweislich ist mindestens seit 1970, seit Erscheinen des Weltreiseführers „Spartacus", unter Sextouristen allgemein bekannt, dass man auf Sri Lanka, den Philippinen und Thailand fast gefahrlos Kinder mieten kann – um sie zu missbrauchen.

In den Achtzigerjahren warben gleich mehrere deutsche Spezialreiseführer ganz ungehemmt und ungeniert für den Missbrauch von Kindern als sexuellen Überdrüberkick. Verfasser: deutsche Journalisten und Auslandskorrespondenten.

Auch die heute noch gängigen Reiseführer wie etwa der

11

Touropa-Urlaubsberater „Thailand" (1974) und „Südostasien selbst entdecken" (1984) von Treichler/Möbius weisen teilweise ganz unverhohlen, zumindest aber indirekt
auf die Möglichkeit hin, hier blutjunge Mädchen kaufen
zu können. Im Touropa-Urlaubsberater kann man lesen:
„Das Ferienland Thailand ist jung. Die Amerikaner haben
es entdeckt, als sie nebenan Krieg führten. Damals schick-
ten sie ihre Soldaten herüber nach Bangkok und an den
friedlichen Südseestrand, um sie eine Urlaubswoche lang
mit den lächelnden Thaimädchen spielen zu lassen. Die
Amerikaner haben bei dieser Gelegenheit Pattaya erfun-
den – jetzt Thailands Badestrand Nr. 1." Dass es sich bei
diesem Krieg um den blutigen Indochina-Krieg handelte
und die „Spiele" der Soldaten diesen Badestrand genau
wie Bangkok selbst in das „größte Bordell der Welt" ver-
wandelt haben (das ist die unter gewissen Reisenden gän-
gige Bezeichnung Thailands), wird hier lächelnd beschö-
nigt. Die „Thai-Mädchen" selbst aber werden dargestellt
wie ein nettes Spielzeug, eigens geschaffen zur Erholung
von harten Männern.

Implizit wird die Verantwortung für die bis zu jenem
Zeitpunkt unbekannte Massenprostitution aber auf die
Thailänder selber abgeschoben: „Hauptsächlich für einheimische Kunden sind die hochmodernen Stundenho-
tels."

Der Reiseführer „Südostasien selbst entdecken" wirkt
auf den ersten Blick kritischer. Der Artikel „Der Not
gehorchend" beschreibt die große Armut auf dem Lande
und weist deutlich darauf hin, dass die Prostitution der
Töchter häufig die einzige Möglichkeit darstellt ganze
Familien am Leben zu erhalten. Doch gerade diese Information kann den Eindruck erwecken, der Sextourist sei in
Wahrheit ein wohltätiger Entwicklungshelfer. Dies erst

recht, wenn in diesem Zusammenhang folgende Leserbriefempfehlung abgedruckt ist:

„Im Grace Hotel Shop suchst du dir unter dem Riesenangebot ein nettes, hübsches Mädchen und nimmst sie als Begleiterin mit auf Thailandrundreise. Du musst ihr lediglich Bus und Essen extra bezahlen, Hotelkosten hast du ja auch, wenn du alleine wärst. Du hast nun eine wertvolle Thai und Englisch sprechende Begleiterin, welche dir hilft eine Menge Geld zu sparen. Vergiss dabei nie: Diese Mädchen haben auch ein Herz und sind wesentlich besser als ihr Ruf."

Weitaus skrupelloser noch sind allerdings die eigens für Sextouristen verfassten Elaborate wie etwa „Käufliche Liebe in Südostasien" von Michael Terzieff. Hier wird jeder Zusammenhang von Massenprostitution, Sextourismus und Armut geleugnet, die Prostitution hingegen fälschlicherweise als tief verwurzelt in der thailändischen Kultur dargestellt.

Dabei herrscht in Thailand in Wahrheit ein streng asketisch ausgerichteter Buddhismus, der gerade in der Überwindung sexueller Bedürfnisse den ersten, wichtigsten Schritt zur Erlösung vom Lebensleid sieht.

Doch auch die zahlreichen Asia-Sex- und Pornomagazine versuchen die Prostitution als die in Thailand natürlichste, ja heiligste Sache der Welt zu beschönigen.

Wobei die meisten noch dazu vorwiegend Sex mit blutjungen Kind-Mädchen darstellen, wie etwa das am weitesten verbreitete, „Thai-Lolitas – Originalsex aus Bangkok", das alle zwei Monate neues kindliches „Frischfleisch" feilbietet. Vor erhabenen Tempelanlagen werden da kindliche Mädchen geschändet und sollen dabei einen Riesenspaß haben. So wird die völlig falsche Assoziation zur heiligen babylonischen Tempelprostitution erweckt und dem Missbraucher suggeriert, ein Gehilfe Gottes zu sein, wenn er das Mädchen sexuell für seine Befriedigung benutzt. Die Thai-Lolita als käufliches Traumbild westlicher Kinderschänder?

Inzwischen hat zum Glück wenigstens die offizielle Stimmung umgeschlagen. Seit 1991 die Kampagne „End Children Prostitution in Asian Tourism", ECPAT, ins Leben gerufen wurde und zunehmend mehr Missbrauchsfälle auch in den Heimatländern der Touristen die Bevölkerung schockieren, ist die Öffentlichkeit alarmiert.

Die Ausbeutung des Elends in Osteuropa

Auch die Ostblockländer werden immer berüchtigter für ihre rasant zunehmende sexuelle Kindersklaverei. Vor allem im völlig verelendeten Rumänien können sich Männer mit sexueller Vorliebe für Kinder buchstäblich für ein Butterbrot und etwas zum Anziehen jede nur denkbare Perversion kaufen. Straßenkinder sind wohlfeile Massenware, die sich jeder am Bukarester Nordbahnhof, dem Sammelplatz für die Ärmsten der Armen, problemlos verschaffen kann.

Corina Atanasiu, Sozialarbeiterin von der Organisation „Rettet die Kinder", berichtet: „Die Ausländer machen sich entweder direkt an die Bahnhofskinder heran oder wenden sich an größere Jungen, die mit den Bahnhofskindern aufgewachsen sind. Diese beschaffen den Pädophilen dann zwei, drei oder vier Kinder. Einige ziehen ganz Kleine vor – die Sechs- bis Achtjährigen –, andere die Dreizehn- oder Vierzehnjährigen. Die Altersgrenze sinkt immer tiefer."

Viele der Straßenkinder sind geschlechtskrank, einige

haben Aids, andere Gonorrhöe, Syphilis oder andere Geschlechtskrankheiten. Die meisten staatlichen Krankenhäuser verweigern ihnen jede Behandlung, weil sie zu schmutzig sind. Deshalb werden sie von den Sozialarbeitern einfach auf der Straße behandelt. Doch das Leben auf der Straße ist gefährlich. Immer wieder werden Kinder vergewaltigt. Die Mischung aus Hunger und Aurolac (ein Leim, dessen Dämpfe benebeln, willenlos machen und Gehirn und Lunge angreifen) steigert die Aggression. Die Straßenkinder leben in der permanenten Gefahr geschlagen und Opfer jugendlicher Zuhälter zu werden, die sie zur Prostitution zwingen. Doch auch der Hunger nötigt sie dazu, sich selbst zu verkaufen.

Danuz, 13, Straßenjunge, würde gerne aufhören: „Nur wenn ich hungrig bin, kein Geld habe oder barfuß bin – dann schon. Sonst nie wieder."

Doch aussteigen ist kaum möglich. Rund 2000 Straßenkinder leben allein in Bukarest. Sie hausen in stinkenden Kanalschächten, gehen nicht zur Schule und viele sind süchtig nach Aurolac. Diese Sucht nutzen viele Kinderschänder aus. Ein Straßenjunge berichtet über sein Erlebnis mit einem Deutschen, der wiederholt rumänische Kinder sexuell missbraucht hat: „Im Auto hat er mir Aurolac gegeben. Ich war benebelt. In seiner Wohnung habe ich gebadet. Dann hat er mich in sein Bett gezogen."

Laut Polizeiprotokoll hatte der schon in Deutschland einschlägig vorbestrafte Mann eigens Rumänisch gelernt, um seine Opfer besser anmachen zu können.

Die meisten Kinder sind absolut wehrlos. Von den Eltern verlassen, oft aus Armut, um des puren Überlebens willen, eigenhändig an Kinderhändler verkauft, von Zuhältern wie leblose Gegenstände an reiche Fremde verhökert, unter Drogen gesetzt, beraubt man sie völlig ihrer

Menschenwürde. Wobei diese Fremden häufig nicht allein ihre sexuellen Gelüste an den wehrlosen kindlichen Opfern befriedigen. Sie bereichern sich auch an ihnen. Sie fotografieren und filmen deren Erniedrigungen, sodass jeder, der will und zahlt, sich bis in alle Ewigkeit an den Qualen der Kinder aufgeilen kann.

Zahlen und Fakten

Wenn auch nicht alle Reisenden Sextouristen und nicht alle Sextouristen offene oder verkappte Kinderschänder sind, die offiziell vermuteten Zahlen sind erschreckend hoch. Vor allem, wenn man bedenkt, dass nach Schätzungen des EU-Schulz-Berichtes 5 bis 10 Prozent aller Sextouristen faktisch auch Kinderschänder sind. 70 bis 80 Prozent der Besucher der Hauptdestinationen des Sextourismus sind männlich. Davon bedienen sich wiederum geschätzte 70 bis 80 Prozent der Prostitution (nach „Aids: Themen parlamentarischer Beratung BRD", 13/90, 303 und AGRISRA, 1990, 26).

Allein nach Thailand reisen laut World Tourist Organization jedes Jahr fast 2,5 Millionen ausländischer Freier, Tendenz steigend. In Kenia schätzt man die Anzahl der Sextouristen auf mindestens 340.550, auf den Philippinen ist von einer guten halben Million Freier jährlich auszugehen. 35.000 deutsche Sextouristen werden für Brasilien angenommen, rund 80.000 deutsche Männer kaufen sich eine dominikanische Frau.

Womit denn auch die Nachfrage nach solchen besonderen, zu Hause verbotenen Gefühlen ständig wächst.

1990 wies eine Gruppe asiatischer Wissenschaftler erstmals auf die schockierende Zunahme der Kinderprostitution hin, die vor allem auf den Sextourismus zurückzuführen ist.

Kinderschutzorganisationen schätzen, dass in Brasilien 500.000 Kinder in sexueller Versklavung leben, in Indien 450.000, in Thailand bis zu 800.000, in Sri Lanka 15.000 bis 20.000. Hinzu kommen Kenia und der neue Markt der ehemaligen Ostblockstaaten. Doch auch in New York, in Paris, ja in Hamburg prostituieren sich immer mehr Kinder, allein in New York soll es laut Schulz-Bericht etwa 30.000 minderjährige Prostituierte geben, in Paris wird ihre Zahl auf 10.000 bis 15.000 geschätzt. Weltweit liegen die vorsichtigsten Schätzungen (etwa der EU-Kommission) bei zwei Millionen prostituierter Kinder, auch hier mit steigender Tendenz.

Sextouristen – latente Kinderschänder

Die Kinderschänder aber stammen aus den USA, aus Europa, Japan und Australien. Auch arabische Freier bedienen sich auf dem Kindersklaven-Markt, vor allem in Bombay. In Indien werden bevorzugt Kinder aus Nepal verkauft, in Pakistan aus Bangladesch verschleppte Minderjährige. Das Elend dieser Opfer, die, oft in Käfige gesperrt, bis zu 20 Vergewaltiger täglich bedienen müssen, ist unvorstellbar. In Pakistan werden die Kinderprostituierten, wenn sie von der Polizei ergriffen werden, sogar ins Gefängnis geworfen.

Dass es sich bei den Sextouristen nach Südostasien vorwiegend um latente Kinderschänder handle, davon sind Psychologen und Sexualforscher wie auch der Wiener Universitätsprofessor, Kinder- und Jugendpsychiater Dr. Max Friedrich absolut überzeugt: „Das Klischee der

Asiatin entspricht dem westlichen Kindchenschema. Sanft, willig, gehorsam und spielerisch, dann noch der zierliche, kleine Körperbau und die helle, eher leise Stimme, das alles weckt zunächst einmal bei uns eher auf Kinder bezogene Gefühle", schreibt Friedrich in seinem aufrüttelnden Buch „Tatort Kinderseele". Dazu kommt noch das meist ohnehin sehr jugendliche Alter der Prostituierten. Aus der Studie „Sexual Behavior of German (Sex-) Tourists" von Kleiber/Wilke aus dem Jahr 1993 geht hervor, dass die prostituierten Frauen im Durchschnitt um dreizehn Jahre jünger als ihre Kunden waren, in homosexuellen Beziehungen sogar um vierundzwanzig Jahre. Was im Klartext bedeutet, dass auf dem Bubenstrich fast ausschließlich Kinder gehandelt werden.

„Wenn du siebzehn oder achtzehn Jahre bist", berichtet auch ein deutscher Strichjunge aus Frankfurt in „Sexopfer Kind" von Peter Jamin, „dann hast du kaum noch eine Chance. Dann nimmt dich doch kaum noch einer mit."

Doch auch Heterosexuelle begeistern sich, ganz im Sinne von Friedrichs Diagnose, immer wieder an der Unterwürfigkeit, der vermeinten Kindlichkeit ostasiatischer Frauen. In ihrem Buch „Männer, Prostitution, Tourismus" zitiert Andrea Rothe einige solche Sextouristen: „Ne, ich find also, was weiß ich, klein, zierlich, lange, schwarze, dunkle Haare, irgendwie so was, so'n ganz äußerliches Schema, das zieht mich schon grundsätzlich an", bekennt Johannes aus Berlin. Und Klaus schwärmt: „Jaaa, da sind diese, diese herrlichen Figuren, so diese … und diese sanfte Art so und dieses unkomplizierte Miteinander-Umgehen … Ich kann mit den Thais total ablachen, ja." Und Manfred begeistert sich: „Die sind irgendwie viel lieblicher … Die Mädchen, die sind … kümmern sich mehr um den Mann. Die bringen mehr auf, einem Mann gegenüber zu dienen ... Zurückhaltung ... nicht aufdringlich, haben nur gesprochen, wenn sie gefragt wurden, so ungefähr."

Kinder bei Tische, stumm wie die Fische, sehr brav.

Jürgen aber bringt seine Vorliebe für ganz junge Mädchen sogar direkt auf einen physischen Punkt: „Über ein gewisses Alter sollte man keine mehr nehmen, weil bei denen ist das Gewebe – das klingt jetzt wieder sehr ironisch, aber ich sag es halt, wie es ist – das Gewebe ist bei denen anders gebaut, ja."

Erst ECPAT begann seit 1991 auf das entsetzliche Los dieser Kindersexsklaven hinzuweisen. Bisher ohne Erfolg. Kaum ein Peiniger wurde bisher überhaupt gerichtlich verfolgt.

Gesetzliche Handhaben gegen den Sextourismus

Ein Mann wie der in Iserlohn verurteilte Thomas B. ist bisher immer noch einer der ganz wenigen westlichen Kinderschänder-Touristen, die schließlich, trotz großer juristischer Schwierigkeiten, verurteilt werden konnten. Drei Jahre und sechs Monate Gefängnis ohne Bewährung, Straftatbestand: sexueller Missbrauch des damals neunjährigen philippinischen Mädchens Pia und ihrer vierzehnjährigen Freundin Marlyn. Ein mildes Urteil. Nach der Gesetzesreform von 1992 drohen Missbrauchstätern auf den Philippinen wesentlich härtere Strafen.

Bis dahin allerdings waren die missbrauchten Kinder häufig selber wegen Prostitution ins Gefängnis gekommen. Die Opfer wurden als Täter bestraft. Man hütete sich, die boomende (Sex-)Tourismusbranche, drittgrößter Devisenbringer des armen Landes, auch nur im Geringsten zu irritieren. Inzwischen aber ist die Not der Kinderprostituierten unübersehbar geworden. 60.000 Kinder werden nach offiziellen Schätzungen allein auf den Philippinen zur Prostitution genötigt, oft gezwungen, Tendenz steigend. Kinderhilfsorganisationen schätzen, dass die Anzahl sogar doppelt so hoch ist, bis zu 120.000 Kinder sollen demnach auf den Philippinen zeitweilig oder dauernd in sexueller Versklavung leben.

Das neue philippinische Gesetz soll diese Kinder vor dieser seelenmörderischen Vergewaltigung schützen. Von nun an liegt Missbrauch vor, sobald ein Erwachsener, der zehn Jahre älter ist als sein(e) Partner(in), mit einem/einer Minderjährigen unter achtzehn Jahren Sexualverkehr hat. Ganz gleich ob der/die Minderjährige einverstanden ist oder nicht. Ist das Kind aber unter zwölf Jahren, wie die kleine Pia, handelt es sich nach dem neuen philippinischen Gesetz in jedem Fall um „Vergewaltigung von Minderjährigen", was mit lebenslanger Haft bis hin zur Todesstrafe geahndet werden soll.

Allerdings schränkt der Staatsanwalt und ranghöchste Ermittler in Sachen Kindesmissbrauch, Hernani T. Barrios ein, dass in der Praxis die Todesstrafe nur bei einer tatsächlichen Vergewaltigung vollstreckt wird beziehungsweise wenn das Kind unter sieben Jahren alt ist.

Thomas B. und seinem holländischen Kumpan aber hätten in jedem Fall mindestens 16 Jahre Haft gedroht.

Doch – und darin liegt dann das praktische, das heißt finanzielle Problem – gegen eine Kaution von umgerechnet nur 3000 DM wurden die beiden Sexualverbrecher nach 14 Tagen schon aus der philippinischen Untersuchungshaft entlassen.

Dass sie überhaupt inhaftiert und die Kinder befreit wurden, verdanken die Opfer einer Anzeige des aufmerksam gewordenen philippinischen Hoteliers. Denn, und das vor allem ist die Chance der neuen Gesetzgebung, nicht nur den Tätern, auch den Mitwissern drohen drastische Strafen. Als Mitwisser gelten eben auch Hoteliers und im Tourismus Angestellte, die auf ihrem Gelände Kindesmissbrauch dulden.

Die Durchführung des Gesetzes allerdings wird häufig durch Bestechung, Korruption und Profitgier sowohl einzelner Beamter wie auch der Behörden selbst verhindert. So gelang es auch diesen beiden Sexualstraftätern schließlich nach Hause zu entkommen. Dass Thomas B. dann dort doch noch verurteilt werden konnte, liegt an der deutschen Gesetzesreform von 1993, nach der endlich, nach vielen Appellen von Kinderschutzorganisationen, das „Exterritorialitätsprinzip" eingeführt wurde. Ein Prinzip, das seit März 1997 auch in Österreich Gültigkeit hat und demzufolge ein Sexualstraftäter nach heimischem Gesetz angeklagt und verurteilt werden kann, auch wenn seine Taten im Ausland begangen wurden und selbst dann, wenn sie dort nicht strafbar sind.

Das war eine grauenhaft notwendige Gesetzesreform. Denn Thomas B., ein bis dahin unbescholtener Jungunternehmer, ist nur einer von weltweit mehreren Millionen Männern, die eigens zur Kinderschändung auf die Philippinen, nach Thailand, Kenia oder Brasilien reisen.

Menschenhandel

Die Hauptzielländer der Prostitutionstouristen sind Thailand, die Philippinen, Kenia, Sri Lanka sowie die Dominikanische Republik und Brasilien.

Vieles deutet darauf hin, dass in nächster Zukunft auch die näher liegenden ehemaligen Ostblockländer Ziel der Sextouristen werden, Kindesmissbrauch eingeschlossen. Schon jetzt gibt es einen regen „Sexverkehr" deutscher und österreichischer Männer nach Tschechien, in die Slowakei, nach Ungarn und Polen. In den einschlägigen Zeitungen und Zeitschriften werden vermehrt auch sehr junge Kinder, ja Kleinkinder angeboten. Ob es sich dabei schon um organisierte Kriminalität oder eher um Einzeltäter handelt, ist bisher kriminalpolizeilich noch nicht erkennbar.

Besonders brutal aber und erschreckend professionell organisiert ist die Situation in Russland.

Einem Bericht vom „Global Survival Network" und der Internationalen Liga für Menschenrechte zufolge werden jährlich zehntausende Frauen und minderjährige Mädchen aus der ehemaligen Sowjetunion in die verschiedensten Destinationen, nach Macao, Dubai, Deutschland, Israel und in die Vereinigten Staaten verschoben. In Russland sind Frauen und Kinder bevorzugte Waren des professionellen Verbrechens geworden, noch vor dem Schmuggel mit Uran und Kokain. Denn beim Menschenhandel ist der Profit am höchsten. Menschenrechtsorganisationen sprechen von Gewinnen in der Höhe von sieben Milliarden Dollar pro Jahr. Marta Drury vom „Circle against trafficking" stellt bitter fest, dass Drogen und Waffen nur einmal verkauft werden können, die Dienste einer Frau oder eines Kindes hingegen sich immer aufs Neue einsetzen lassen.

Steven Gulster, Mitarbeiter des „Global Survival Network" recherchierte erfolgreich in der Subkultur des organisierten Verbrechens, das Sexclubs in aller Welt mit russischen Frauen und Mädchen beliefert. Mit versteckter

Kamera filmte er Gespräche mit Zuhältern, Bankmanagern und den verschiedensten auch offiziellen Persönlichkeiten, die direkt oder indirekt an diesem Sklavenhandel beteiligt sind.

Auf die Frage, wie die Sexsklavenhändler an ihre Ware herankommen, antwortete ein ehemaliger Chirurg, der sich nach der Perestroika diesem weitaus lukrativeren Job zugewandt hatte, ganz offen: „Wir wählen sie aus, organisieren das Visum für sie, wir bringen sie ins Flugzeug und du triffst sie." So einfach geht das.

Und das Angebot ist riesig. Das durchschnittliche Monatseinkommen in der Ukraine beträgt heute weniger als 30 Dollar, in den kleineren Städten und auf dem Land noch um die Hälfte weniger. Zudem gibt es eine hohe Arbeitslosenrate, wobei zwei Drittel davon Frauen sind. Das Geborgenheit vermittelnde Dorfleben der früheren sowjetischen Welt ist zerstört und die jungen Menschen ergreifen jede sich nur bietende Chance, um der inhaltslosen Armut zu entkommen. Und wenn in dieser Tristesse dann noch Werbung und Hollywoodfilme die Möglichkeit von Reichtum und Üppigkeit im glamourösen Westen vorgaukeln, werden die Mädchen leichte Beute für Verführer und Kuppler aller Art. Ein junges Mädchen, das das Glück hatte lebend den Menschenhändlern zu entkommen, beschrieb dem Journalisten Michael Speckter, der für einen Artikel in der „New York Times" recherchierte, ihre Erlebnisse: „Ich traf mich mit diesen Typen und sie fragten mich, ob ich in einer Strip-Bar arbeiten würde. Ich dachte, warum nicht. Sie sagten, wir müssen sofort abreisen. Wir fuhren im Auto in die Slowakische Republik. Dort raubten sie mir meinen Reisepass. Wir fuhren nach Wien und dann in die Türkei. Ich wurde in einer Bar gehalten und man sagte mir, dass ich 5000 Dollar für die

Reise schuldig sei. Ich arbeitete drei Tage, am vierten Tag wurde ich festgenommen."

Es ist nur allzu leicht, mit den gutgläubigen Mädchen ein Bombengeschäft zu machen. Man kann über ein getarntes Reisebüro vorgehen oder selbst eines gründen oder auch ein Heiratsvermittlungsbüro aufmachen. Die Bordellbesitzer zahlen für ein russisches oder ukrainisches Mädchen zwischen 500 und 1000 Dollar. Das bedeutet, dass sie ein Vermögen mit den Frauen machen können.

Für Israel etwa errechnete Yitzhak Tyler von der Polizei in Haifa Riesensummen für die Zuhälter. Im Artikel von Michael Speckter rechnet er vor: „Nehmen Sie ein ganz kleines Bordell mit zehn Mädchen. Jede hat 15 bis 20 Freier am Tag. Wenn Sie das mit ungefähr 200 Schekel multiplizieren, kommen Sie auf 30.000 Schekel pro Tag. Jedes Mädchen arbeitet 25 Tage im Monat. Das ist das Minimum. Wir sprechen also von 750.000 Schekel im Monat oder ungefähr 215.000 Dollar." Ein Zuhälter hat oft fünf derartige Bordelle und das bedeutet ein gewaltiges Einkommen: Da Bordelle in Israel verboten und die Einkünfte somit Schwarzgeld sind, kommt er auf rund eine Million Dollar im Monat und hat dabei kaum Kosten.

Jakob Golan, der einige solcher Sexfabriken besitzt, redet ganz offen über sein äußerst profitables Geschäft: „Israelis lieben russische Mädchen. Sie sind blond, hübsch und anders als wir. Und sie sind verzweifelt. Sie sind bereit für Geld alles zu tun." Und das Geschäft mit der Verzweiflung boomt. So ein Club ist 24 Stunden am Tag geöffnet, berichtet Michael Speckter weiter, und immer voll mit halbnackter russischer Ware. Die Stundenpläne der einzelnen Prostituierten sind streng Profit bringend eingeteilt. Im Tropicana Club etwa gibt es zwölf Kabinen, in denen zwölf Mädchen im Akkord nebeneinander Geschlechtsverkehr ausüben. Acht am Tag, zwölf in der Nacht. Der Betrieb floriert – und nicht nur wegen ausländischer Arbeiter. Auch israelische Soldaten mit Gewehren auf den Schultern frequentieren dieses Lokal, aber ebenso Manager und ausländische Touristen. Von Zeit zu Zeit, normalerweise vorher ausreichend informiert, wird Mr. Golan kontrolliert. Er zahlt eine Strafe, und die Mädchen, deren Dokumente als gefälscht erkannt werden, kommen ins Gefängnis. Sofern sie bereit sind, sich klaglos in die Heimat abschieben zu lassen, wird gegen sie keine Anklage erhoben. Wenn hingegen eines der Mädchen es wagen würde, gegen seine Zuhälter auszusagen, die es oft mit brutaler Gewalt in die sexuelle Sklaverei gezwungen haben, müsste es so lange im Gefängnis bleiben, bis es zu einem Prozess kommt. Betty Laha, Gefängnisdirektorin von Nevetirtsa, sagt, ihr sei in den vergangenen vier Jahren kein einziger Fall bekannt geworden, wo eines der Mädchen sich entschlossen hatte auszusagen.

Auch vom Menschenhandel in Russland berichtet Michael Speckter in seinem Artikel in der „New York Times": Auch dort arbeiten die organisierten Menschenhändler sehr eng mit der Polizei sowie dem FSB, der Nachfolgeorganisation des KGB, zusammen und unterhalten auch gute Beziehungen zu anderen kriminellen Organisationen, weshalb es bei ihren Machenschaften keine nennenswerten Probleme gibt.

Selbst auf die Frage, ob man auch minderjährige Mädchen in die USA bringen könne, erhielt der Menschenrechtler Steven Gulster von einer „Spezialistin" für die USA ganz unbesorgt die Antwort: „Es gibt einige Leute im Außenministerium, die uns helfen. Das Geburtsdatum wird geändert, die Kosten liegen ungefähr bei 800 Dollar.

Aber auch das ist kein Problem, denn diese Summe kann ja später vom Gehalt des Mädchens abgezogen werden."

Es gibt solche „Spezialisten" für jede Destination, in die diese menschlichen Waren verschickt werden. Bezogen auf Australien wurde Gulster etwa empfohlen, minderjährigen Mädchen ein dreimonatiges Studienvisum als Austauschschülerin zu beschaffen. Auch hier gebe es eine große, offizielle Organisation, die in diesem Geschäft mitmische und die ganz selbstverständlich mit einer bedeutenden Rechtsanwaltsfirma in Übersee zusammenarbeite. Die Menschenhandelsmafia hat ihre Hauptsitze in Moskau und Kiew. Von dort aus laufen die Netzwerke, über die Frauen und Mädchen verschoben werden, nach Osten, nach Japan und Thailand, nach Westen zur adriatischen Küste und von dort weiter. Die kriminellen Banden in Russland und der Ukraine sorgen für logistische Unterstützung, den Kontakt zu den Bordellbesitzern und in der Regel auch für die falschen Dokumente.

Was die Mädchen erwartet

Die meisten Mädchen und Frauen beginnen ihre Reise in die Sklaverei zunächst einmal freiwillig. Sie erwarten in der Fremde ein besseres Leben und werden durch Werbungen für einen guten Job mit einem für zu Hause unvorstellbaren Einkommen angelockt. Eine davon war Irina, eine junge Ukrainerin, die nach Israel in die Prostitution verkauft worden war und über die Michael Speckter in der „New York Times" berichtete. Sie hatte gehofft, dass ihre Schönheit sie von der Armut befreien und ihr als Model oder Tänzerin zu einem besseren, erfolgreichen Leben verhelfen könne. In Israel wurde sie jedoch sofort in ein Bordell gebracht, wo der Besitzer als erstes vor ihren Augen ihren Pass verbrannte. Als sie sich trotzdem gegen die Prostituierung wehren wollte, wurde sie so lange geschlagen und vergewaltigt, bis sie schließlich jeden Widerstand aufgab.

Doch da Bordelle ja offiziell in Israel verboten sind und Irina keinen gültigen Pass mehr besaß, wurde sie schließlich bei einer Polizeirazzia verhaftet. Zusammen mit hunderten anderen ukrainischen und russischen Mädchen ohne gültige Dokumente befindet sie sich jetzt im Gefängnis, wo sie von Michael Speckter interviewt wurde. „Ich glaube nicht einmal, dass der Mann, der mein Leben zerstört hat, jemals bestraft wird", sagte sie unter Tränen. „Man kann mich eine Verrückte nennen, weil ich hierher gekommen bin. Das ist mein Verbrechen, ich bin dumm, ein dummes Mädchen von einem kleinen Dorf. Aber ist es möglich, dass Menschen Menschen kaufen und wieder verkaufen und dass sie dafür nicht bestraft werden? Manchmal sitze ich hier und frage mich, ob das alles wirklich passiert ist und ob es auch möglich ist, dass so etwas passiert."

Und dann sagt sie: „Sie haben uns alle ruiniert. In diesem schmuddeligen Gefängnis wird mehr russisch als hebräisch gesprochen, ich bin nicht die einzige, wissen Sie."

Nein, wirklich nicht. Die Vereinten Nationen schätzen, dass vier Millionen Menschen jährlich gegen ihren Willen gehandelt werden – durch Lügen und Gewalt gezwungen. Allein 500.000 Frauen und Mädchen werden jährlich nach Westeuropa „geliefert", die allermeisten enden als unfreiwillige Prostituierte in einem Massagesalon oder einem Bordell.

Die Frauen, die den Weg in die Fremde antreten, haben meist keine Ahnung, in welches Risiko sie sich begeben und was für ein Schicksal sie erwartet. Lyudmilla Wiryuk, eine ukrainische Psychologin, hat entkommene Mädchen betreut. Sie weiß, dass es unmöglich ist, diesen Kindern beizubringen, dass etwas, das zu gut klingt, um wahr zu sein, normalerweise auch wirklich nicht wahr ist. Den Mädchen wird vorgegaukelt, dass sie für viel Geld in Orangenplantagen, als Tänzerinnen oder als Kellnerinnen arbeiten werden. Einschlägige Anzeigen werben mit folgenden Verlockungen: „Mädchen: Sie müssen Single und sehr hübsch sein, jung und groß. Wir bieten Ihnen Arbeit als Mannequins, Sekretärinnen, Tänzerinnen, Choreografinnen und Gymnastinnen. Für Unterkunft wird gesorgt."

Aber selbst jene, die bewusst in die Prostitution gehen, um innerhalb weniger Monate viel Geld zu verdienen, haben keine Vorstellung von dem Ausmaß an Menschenverachtung, Grausamkeit und Gewalt, das sie erwartet. Die brutale Routine, ob nun in Israel oder in anderen Ländern, ist überall nahezu gleich. Sie werden in Apartments, Bars oder Rund-um-die-Uhr-Bordellen wie Sklaven gehalten und bedienen bis zu 20 Freier am Tag. Sie schlafen abwechselnd zu viert in einem Bett. Die einzige Hoffnung, die ihnen bleibt, ist es, in ihre Heimat zurück abgeschoben zu werden, nachdem die Polizei ihre „Besitzer" erwischt hat.

Es gibt nur ganz wenige, die es wagen, ihre Peiniger anzuzeigen, denn sie sind Menschen ohne Rechte. Elena Tiuriukaniva, Expertin für Migration im Moskauer Institut für Bevölkerungsstudien, weiß, wie sehr ihr nicht vorhandener Status diese Mädchen verletzbar macht: Die meisten von ihnen fürchten Repressalien der Mafia gegenüber ihren Familien, die zu Hause geblieben sind. Und Mr. Caldwell vom „Global Survival Network" bestätigt: „Die wenigen, die es wagen, Kontakt mit den Autoritäten aufzunehmen, müssen mit Verfolgung oder schockierender Gleichgültigkeit rechnen."

Und sie riskieren ihr Leben. Im vergangenen Jahr wurden den Aussagen der ukrainischen Polizei zufolge in Istanbul zwei Frauen, die zu viel über ihr Elend gesprochen hatten, von einem Balkon in den Tod gestoßen, während sechs ihrer russischen Freunde zuschauten. In Serbien soll im vergangenen Jahr sogar eine junge Ukrainerin, die sich standhaft weigerte als Prostituierte zu arbeiten, enthauptet worden sein.

Unter solcher sexueller Schreckensherrschaft verlieren die Mädchen jede Menschenwürde. Sie werden gehandelt wie Vieh. In Mailand hat die Polizei einen kriminellen Ring geknackt, der Frauen und Mädchen, die aus ihren Heimatstaaten entführt worden waren, wie leblose Dinge in Auktionen meistbietend feilbot. Vorwiegend Mädchen aus der ehemaligen Sowjetunion wurden halb nackt den Zuhältern zur Schau gestellt und zu einem Durchschnittspreis von nur 1000 Dollar pro Stück losgeschlagen. Die Gewinnspannen in diesem Geschäft mit menschlichen Körpern sind enorm und locken viele skrupellose Glücksritter an.

DIE NOT DER OPFER

Weltweit leben laut UNICEF rund 200 Millionen obdachlose Kinder auf der Straße. Die meisten sind ohne Eltern oder verstoßen beziehungsweise stammen aus zerrütteten Familien, nicht wenige von ihnen sind schon vorher in ihrer Familie missbraucht worden. Die Prostitution ist oft die einzige Möglichkeit, zu Geld, das heißt zu dem allernotwendigsten Essen und zu Kleidung zu kommen.

Mehr als zwei Millionen Kinder leben allein in der philippinischen Hauptstadt Manila in sozialem Elend, unter dem Existenzminimum. Die Zahl der Straßenkinder hier ist 1995 auf mehr als 100.000 gestiegen, das ist doppelt so viel wie im Jahr zuvor, Tendenz von Jahr zu Jahr noch steigend.

Nach Schätzungen der Weltbank leben heute 31 Prozent der thailändischen Bevölkerung unter dem Existenzminimum, davon 49 Prozent in Dörfern des Nordostens und 22 Prozent in Dörfern des Nordens. Und es sind diese Gebiete, aus denen 75 Prozent der Prostituierten kommen.

In den Gegenden aber, in denen die Not am größten ist, gibt es inzwischen kaum eine Familie, die nicht von der Prostitution mindestens einer Tochter lebt.

„Als ‚Doh Kam Tai' – eine Region im Norden – und seine hungernden Menschen in den frühen Siebzigerjahren von der Presse entdeckt wurden", berichten die Journalistinnen Pamonsai und Fua in ihrem Artikel „Thai Frauen, Ein weiter Weg zur Freiheit", „waren schlechthin *alle* Frauen des Dorfes verschwunden – sie waren im ganzen Land verstreut an Bordelle verkauft worden."

Vor allem in diesen Dörfern des Nordens, der immer wieder von Dürreperioden und schweren Hungersnöten heimgesucht wird, treiben schon seit der Zeit, als amerikanisches Militär in Thailand stationiert war (von 1962 bis 1976) und die Massenprostitution sich zu entwickeln begann, Agenten und KupplerInnen ihr Unwesen. Unter dem Vorwand, Arbeit für sie zu haben (Kinderarbeit ist eine Selbstverständlichkeit in vielen Ländern der Dritten Welt), locken sie den Eltern ihre Kinder ab, um sie im Sexgeschäft der großen Städte meistbietend zu verkaufen.

Teilweise sind diese Agenturen sogar international organisiert und vermitteln auch minderjährige Sexsklaven ins Ausland. Besonders in Japan, doch auch in Europa finden sich begierige Abnehmer für solche kindliche Prostituierte.

Zwischen umgerechnet etwa 200 und allerhöchstens 1000 DM, je nach Aussehen und Reiz für die potentiellen Freier, bekommen die Eltern für den Verkauf eines Kindes.

Die Familien, die ihre Kinder aus blanker Not den Agenten übergeben, wissen häufig nichts von der sexuellen Ausbeutung (oder wollen nichts wissen), die ihre Kleinen erwartet. Die Agenturen nennen ihnen meistens falsche Adressen von Fabriken, in denen die Kinder angeblich Arbeit gefunden hätten. Und die Kinder selbst verschweigen ihr Elend aus Schamgefühl – wenn sie überhaupt noch Kontakt zu ihren Familien haben. Denn viele der Verkauften bleiben für immer verschollen. Besonders schlimm ergeht es denen, die an Bordelle verschachert werden.

31

Hauptumschlagplatz dafür ist der thailändische Bahnhof „Hualampong". Jürgen Dauth beschreibt in „Die alltägliche Ausbeutung in Betrieben und Bordellen" die Ankunft eines Kindersklavenwaggons.

„Kurz zuvor war ein Zug aus dem Norden eingetroffen, der ‚frische Ware' aus den ärmlichen Dörfern am Mekong-Fluss brachte. Sunant Service, eine der Agenturen, bot 15 Kinder an, sieben Mädchen und acht Knaben. Die Ware konnte besichtigt werden. Für jedes Kind wurde ein Grundpreis festgelegt, der die unmittelbaren Kosten deckte. Auf dem Wege der Versteigerung wurden die Preise auf 3000 bis 5000 Bath hochgetrieben, also auf 300 bis 500 DM. Kinder, die keinen Bieter finden, werden später als ‚leftover', als Ausschuss, unter dem Selbstkostenpreis abgegeben. Die hübschesten Mädchen werden abgesondert. Hinter einer Trennwand werden sie ausführlich untersucht. Sie sind für die Bordelle bestimmt."

Die Eltern sehen diese Mädchen in der Regel niemals wieder. Die Bordelle tauschen die Kinder immer wieder untereinander aus, sowohl um den Eindruck immer „frischer Ware" zu erwecken wie auch um alle Spuren zu verwischen. Ausländische, aber auch einheimische Kunden zahlen für die Entjungferung eines solchen Kindes hohe Summen.

„Bonded Girls"

Die sogenannten „bonded girls" haben es wesentlich schwerer als „freie" Prostituierte, die sich zu einem gewissen Grad ihre Arbeit und ihre Freier selber aussuchen können. Sie müssen ihren Verkaufspreis auch noch selber abdienen, indem sie sowohl täglich mehrere Männer über sich ergehen wie auch alles mit sich geschehen lassen müssen, was die oft noch zusätzlich perversen Kunden wollen. Die Neigung zum Kindesmissbrauch geht ja sehr oft mit Gewalt einher, mit brutalsten Erniedrigungen aller Art, mit Vergewaltigungen, schwerer sadistischer Körperverletzung, Sodomie, Fäkalerotik und Schlimmerem.

Wenn sich ein solches Mädchen aber weigert, wird es geschlagen und darf das Bordell nicht verlassen, bis es Gehorsam zeigt. Viele werden überhaupt so lange gefangen gehalten, bis sie den letzten Rest an Selbstachtung verloren haben, der sie noch dazu bringen könnte wegzulaufen. 2000–3000 Freier heißt es, muss ein solches Kind ertragen haben, damit seine Bewacher sicher sein können, dass sein Eigenwille für immer gebrochen ist. Erst danach laufen die nun auch seelisch vollkommen Versklavten gewiss nicht mehr weg.

Berüchtigt wurde ein Hotelbrand auf der Touristeninsel Phuket im Jahr 1984, bei dem mehrere solcher kindlichen Sexsklavinnen verbrannten, weil sie eingesperrt waren. Zwangsprostitution in vergitterten Häusern ist in Südostasien keine Seltenheit. Ein solches abhängiges Kind kann noch froh sein, wenn es monatlich umgerechnet 50 DM für seine permanente Vergewaltigung bekommt. Die philippinische Soziologin Pasuk Phongpaichit zitiert in ihrem Bericht „From peasant girls to Bangkok masseuses" eine Studie, nach der „freie" Prostituierte durchschnittlich 850 DM monatlich verdienen; Massagemädchen rund 500, wobei die Einkommen zwischen 100 und 1400 DM schwanken können. Doch am meisten verdienen die Bordellbesitzer, die Vermittlungsagenturen – und die Behörden sowie die Polizei an Bestechungs- und Schweigegeldern. Das bestätigt auch Susanne Lipka in ihrem Buch „Das käufliche Glück in Südostasien".

Die „bonded girls" aber sind die allerletzten. Die psychischen Folgen gerade dieser Art von Kindersklaverei sind entsetzlich. „Das Leid solcher Kinder ist unvorstellbar", sagt Prof. Max Friedrich. „Sie werden aus jeder sozialen Verbindung herausgerissen, haben keinerlei Familienbeziehungen mehr, werden verkauft als Gummipuppe. Ein Verfügungsobjekt für jedermann." Das bedeutet: Der letzte Ansatz von Menschenwürde und Selbstwertgefühl geht diesen Menschenkindern für immer verloren. „Damit die Kinder wenigstens physisch diese Hölle überleben können, müssen sie körperlich und emotional total absterben, absolut unempfindlich werden", beobachtet auch die Wiener Sexualberaterin für missbrauchte Mädchen, Ursula Kiba. „Viele begehen direkten oder zumindest indirekten Selbstmord. Essstörungen, Schlafstörungen, Selbstverletzungen und Suchtverhalten, schreckliche Autoaggressionen aller Art sind die Folgen schon des so genannten ‚normalen' Missbrauchs. Aber verkauft zu werden und dafür noch nicht einmal etwas zu bekommen, das muss den allerletzten Rest von Selbstachtung vollkommen zerstören." Damit die Missbrauchsopfer dieses Grauen überhaupt überleben können, gibt man ihnen auch im Bordell Tranquilizer, harte Drogen und Klebstoff zu schnüffeln. (Und auch deshalb, um damit eine Muskelrelaxation herbeizuführen, auf dass der Kinderkörper für die Männer besser benutzbar, heißt auch penetrierbar wird.) Weshalb Drogenabhängigkeit nicht nur Folge, sondern auch Voraussetzung für die Kinderprostitution ist.

„Alle auch für Pornos benutzten Kinder, die ich je gesehen habe, sind vollgepumpt mit Drogen", stellt Friedrich fest. „Ohne Drogen könnten sie weder physisch noch psychisch den Missbrauch ertragen."

Typisch für ein solches „bonded girl" ist die Geschichte von Lek, wie sie Pasuk Phongpaichit berichtet:

Lek war eines der vielen nach Bangkok in die Sexsklaverei verkauften Bauernmädchen aus dem Nordosten Thailands. Die Familie war durch schwere Dürrezeiten und Krankheiten der Eltern landlos geworden, Kinder und Eltern arbeiteten für einen Hungerlohn als Saisonarbeiter auf den großen Reisfeldern, ein Schulbesuch, der irgendeinen Aufstieg aus dem Elend verheißen hätte, kam für keines der Kinder in Frage. Als ein Agent der Familie für die kleine Lek Geld bot, verkaufte der Vater sie an ein Bordell in der nahe gelegenen Kleinstadt, das jedoch bald darauf geschlossen wurde. Das missbrauchte Kind kehrte zur Familie zurück. Doch nicht für lange. Als die Mutter wiederum schwer erkrankte, brachte der Vater seine Tochter eigenhändig nach Bangkok und verkaufte sie dort ans nächste Bordell. Hier lebt sie nun, eingesperrt als „bonded girl", ohne Hoffnung auf Befreiung.

Die Unmöglichkeit anders für den Familienunterhalt zu sorgen

Aber viele Mädchen verkaufen sich auch freiwillig, um wenigstens ihrer Familie, besonders aber den jüngeren Geschwistern zu ein wenig mehr sozialer Anerkennung und zu einem kleinen Aufstieg zu verhelfen. Eine gute Schulbildung stellt sowohl auf den Philippinen wie in Thailand einen sehr hohen Wert dar, „education" ist hier gleichbedeutend mit Statusgewinn und Lebenserfolg. Doch die Schule kostet viel, weitaus mehr, als die Familien der unteren Schichten legal verdienen könnten. So fühlen sich die älteren Mädchen oft genötigt in die Stadt zu gehen und sich zu prostituieren, damit wenigstens die kleineren Geschwister die Möglichkeit haben eine gute Schule zu besuchen.

Auf den Philippinen, ähnlich wie in Thailand, ist es nämlich traditionell Aufgabe der Töchter, für die Eltern und Familien zu sorgen. Vor allem auf dem Land, woher die meisten Prostituierten stammen, gilt immer noch ein matrilineares Versorgungsrecht. Die Söhne heiraten in die Familie ihrer Frau ein, während die Mädchen ihrer Herkunftsfamilie verpflichtet bleiben. Sozialfürsorge und Rentenversicherung gibt es nicht, so bleibt die Verantwortung vor allem an den älteren Töchtern hängen. „Innerhalb ihrer Familien sind die Frauen nicht einfach Abhängige", schreibt die thailändische Soziologin Pasuk Phongpaichit. „Sie betrachten sich selbst als Mitglieder des Haushalts, die zum Unterhalt beitragen, und werden so auch von den übrigen Familienmitgliedern gesehen. Es ist nicht der Status einer Hilflosen und Abhängigen, der sie dazu bringt, ins Geschäft einzusteigen und ihren Körper zu verkaufen. Es ist eher die Verantwortung, die sie selber ihrer Familie gegenüber empfinden." Nicht wenige fühlen sich angesichts des Elends ihrer Verwandten verpflichtet für sie zu sorgen. Zu sorgen, indem sie ihren Körper verkaufen.

Alternativen aber gibt es nicht. Die Löhne der Fabrikarbeiterinnen oder Dienstmädchen in Bangkok reichen, wenn ein Mädchen Glück hat, gerade für ihren eigenen Unterhalt aus, auf keinen Fall aber für die Unterstützung der Familien. Auch verheiratete Frauen sind oft gezwungen sich wenigstens gelegentlich zu prostituieren, um ihre Kinder zu ernähren. In „Das käufliche Glück" von Susanne Lipka erzählt eine junge Frau: „Ich habe mich auch prostituiert, vor allem für Ausländer. Die meisten meiner Kunden waren Schweizer und Deutsche. Viele von ihnen waren richtige Sexbestien, wie die Japaner … In Wirklichkeit hasste ich diese Sextouristen, aber natürlich brauchte ich ihr Geld für meine Mutter und meine acht jüngeren Geschwister in Korat."

Und sie prostituieren auch ihre Seele. „Ich weiß, dass ich schlecht bin, aber was soll ich denn anderes machen", verzweifeln die meisten Prostituierten, die sehr häufig aus traditionell religiösen Verhältnissen stammen. Und somit nicht nur gegen gesellschaftliche, sondern auch gegen religiöse Gesetze verstoßen.

Auf den Philippinen sind 88 Prozent der Bevölkerung gläubige Christen, die entgegen allen touristischen Klischees eine strenge Sexualmoral pflegen. Und der thailändische Buddhismus befürwortet, wie schon erwähnt, eine möglichst asketische Lebenshaltung.

Der Seelenmord

Die gesellschaftlichen Folgen der Massenprostitution sowie die moralischen und psychischen Schädigungen reichen bis weit in die nachfolgenden Generationen hinein. Denn Mütter, die selber spätestens mit zwölf Jahren von der eigenen Familie an ein Bordell verkauft worden sind, schicken mit der gleichen seelenmörderischen Selbstverständlichkeit auch ihre Kinder wieder in die Prostitution.

Ein entsetzliches Beispiel gibt das thailändische Dorf Bansan Luang im Norden des Landes, das Hauptanwerbegebiet zur Rekrutierung ständig neuen „Frischfleisches". Peter Godwin hat es im Jahre 1993 in der BBC-Fernsehdokumentation „Dying for Sex" publik gemacht.

Über die Hälfte aller Haushalte wird hier von ehemaligen Prostituierten geführt, die ohne den geringsten Zweifel an der Richtigkeit ihres Tuns von ihren Töchtern erwarten, dass auch sie, wie einst ihre Mütter, zum Lebensunterhalt der Familie beitragen, indem sie sich verkaufen lassen. Der Verkauf einer einzigen Tochter bringt genügend Geld ein, um die nächsten zehn Jahre trotz Dürre und Hungersnot überleben zu können.

Doch es ist eben nicht nur Überlebenskampf, Konsumgier oder „Ruchlosigkeit", wie die lokale Tageszeitung von Bansan Luang vermutet, wenn eine Mutter die Jungfräulichkeit ihrer Tochter auch gegen deren Willen meistbietend versteigert und das Kind zu dem fremden Vergewaltiger ins Zimmer sperrt, sich vor die Türe setzt und scheinbar unbewegt den Schmerzensschreien ihrer Kleinen lauscht. Genau dieses gefühllose Verhalten, die Unfähigkeit, sich mit den Leiden der Tochter zu identifizieren, ist Resultat der eigenen schrecklichen Vergangenheit. „Um den Missbrauch überhaupt lebend zu überstehen, müssen die Kinder ihre Gefühle abspalten, dürfen sie ihre Schmerzen nicht wahrnehmen", sagt auch Ursula Kiba.

Und genau diese Abspaltung macht es den erwachsenen Missbrauchsopfern dann unmöglich, ihre Kinder vor Ähnlichem zu bewahren. Sie können nicht mehr mitempfinden, weil sie ihre eigenen Leiden als Opfer auch nicht empfinden durften. So vererbt sich der Seelenmord und die Ohnmacht von Generation zu Generation fort, solange es nicht gelingt, durch Bannung des Elends und durch Aufklärung von außen, die Kette der Vergewaltigung zu durchbrechen.

Solche Aufklärung wird Gott sei Dank häufiger. Der Direktor der Volksschule in Bansan Luang, Amnuay, hat wie manche seiner Kollegen ein Aufklärungsprogramm für seine – alle noch sehr jungen – Schüler entwickelt, durch das die Kinder ermutigt werden sollen, sich gegen ihren Verkauf zu Missbrauchszwecken zu wehren. Doch viele Eltern protestieren verbittert gegen diese Sabotage. Direktor Amnuay weiß, warum: „Es verstößt gegen ihre Interessen. Der Verkauf einer einzigen Tochter bringt ihnen genügend Geld ein, um die nächsten zehn Jahre zu überleben. Deshalb sind ihre Töchter für sie wie Silber und Gold."

So wendet er sich in seinen Bemühungen die Kinder zu schützen, an die potentiellen Opfer selbst. Und diese wissen, so klein sie sind, sehr wohl worum es geht. Alle haben miterlebt, wie ihre älteren Schwestern, wie Freundinnen und Verwandte in die Sexsklaverei verkauft worden sind.

Doch während sie früher vielleicht noch schön geschmückt, in teuren Kleidern ins Dorf zu Besuch gekommen sind und somit die Jüngeren lockten mit ihnen zu ziehen, kehren zunehmend mehr Mädchen todkrank und von Aids gezeichnet in ihre Familien zurück. Wenn sie überhaupt zurückkehren dürfen. Denn auch das ist entsetzliche Wirklichkeit: Viele dieser selbst in ihrer Kindheit missbrauchten und damit seelisch zerstörten Mütter weigern sich ihre todkranken Kinder zu pflegen und verstoßen sie ein weiteres Mal.

Aids begünstigt die Kinderprostitution

Ja, Aids. Auch das ist eine schauerliche Tatsache: Gerade die Angst vor Geschlechtskrankheiten wie zum Beispiel auch vor dem resistenten Tripper, der in Südostasien grassiert, vor allem aber vor Aids, begünstigt noch zusätzlich die rasante Ausbreitung der Kinderprostitution.

In dem Irrwahn, dass „unschuldige, unerfahrene Kinder" noch nicht von der tödlichen Seuche befallen sein könnten, verlangen immer mehr Freier nach solchen Unschuldigen. Damit sie risikofrei und vor allem ungeschützt durch ein Kondom ihren Missbrauch treiben können. Nach einer Studie von Kleiber aus dem Jahr 1990 verwenden 50 Prozent aller Prostitutionstouristen *nie* ein Kondom, obwohl die Durchseuchung in den vom Sextourismus heimgesuchten Ländern extrem hoch ist. Und nicht allein unter den Prostituierten. Schätzungen zufolge, berichtete der „Spiegel" schon 1993, wird es im Jahr 2000 in Süd- und Südostasien 45 Millionen Aidsinfizierte geben! Unter den Prostituierten wird eine Durchseuchungsrate von 60 bis 70 Prozent angenommen, monatlich stecken sich allein in Thailand weitere 700 Frauen an. Bei einer angenommenen Rate von nur 50 Prozent bringt jeder hundertste Sextourist Aids mit nach Hause. Wobei vor allem die verheirateten Kondomverweigerer somit besonders gefährdete Gefährder ihrer Familien in der Heimat sind. Entgegen allen Annahmen aber ist der ungeschützte Verkehr mit Kindern ganz besonders riskant. Und nicht nur für die Kinder selbst. Die gewaltsame Penetration eines Kindes durch einen Erwachsenen kann sehr leicht Verletzungen und Blutungen hervorrufen, über die das HI-Virus übertragen wird. Im Gegensatz zur weit verbreiteten Meinung, dass „Unschuldige" ein geringeres Ansteckungsrisiko bedeuten, ist die Gefahr hier noch weitaus größer.

Die mangelnde Aufklärung

Und von Aufklärung kann keine Rede sein. Die wenigsten erwachsenen Prostituierten in den vom Sextourismus heimgesuchten Ländern sind über Aids aufgeklärt, Jugendliche aber und Kinder erst recht nicht.

So wenig wie über Sexualität selbst. Selbst wenn sehr

viele Kinderprostituierte schon in den Herkunftsfamilien sexuell misshandelt worden sind, die offizielle, nach westlichen Normen oft sehr prüde Moral verhindert jede sachgemäße Aufklärung.

Auch in Brasilien zum Beispiel, ein Land, in dem die Frauen als die heißblütigsten Geliebten der Welt gepriesen werden, herrscht eine strenge, katholisch geprägte Sexualethik. Jedes Mädchen, das vor der Ehe ihre Jungfernschaft verliert, gilt von vornherein als „verloren". Wenn man von einem Burschen sagt, er habe ein Mädchen „schlecht gemacht", weiß jeder im Land, dass dieses Mädchen die einzige bürgerliche Zukunftsperspektive einer anständigen Frau, nämlich die Ehe, verspielt hat. Wenn ein solches Mädchen dann auch noch schwanger wird, bleibt ihr häufig kein anderer Weg mehr als die Prostitution.

Und dennoch oder gerade deshalb, kein Land hat eine so hohe Anzahl kindlich-jugendlicher Mütter zu verzeichnen wie Brasilien. 1990 waren drei Millionen minderjährige Mädchen in Brasilien schwanger, Durchschnittsalter fünfzehn Jahre. Die wenigsten Mädchen sind ausreichend aufgeklärt, sie wissen weder über Empfängnis, geschweige denn Verhütung, noch über den Geburtsvorgang genügend Bescheid. Die Sterberate jugendlicher Mütter unter fünfzehn Jahren liegt um 60 Prozent höher als bei Müttern über zwanzig, bei den Sechzehn- bis Neunzehnjährigen immerhin noch um 13 Prozent höher. Komplikationen während Schwangerschaft und Geburt stehen an siebenter Stelle der Todesursachen bei brasilianischen Jugendlichen insgesamt. Jährlich werden rund 600.000 Kinder von solchen minderjährigen Müttern geboren. Viele von ihnen sind Straßenmädchen, deren Kinder auch wieder zu einem sehr unsteten Leben ohne feste Bezugsperson verdammt sind. Mal auf der Straße bei der jugendlichen Mutter, dann wieder untergebracht bei Verwandten, ab und zu auch im Heim, landen sie am Ende in den meisten Fällen selbst auf der Straße, wo sie sich – im wahrsten Sinne des Wortes – durchschlagen müssen. Für die Mädchen aber bedeutet das fast immer Prostitution. Mit allen üblichen Folgeerscheinungen, Drogensucht, Selbstverstümmelungen seelischer und körperlicher Art. Für Mädchen vom Lande hingegen verläuft der Weg in die Prostitution oft schleichender. Auch hier werben KupplerInnen und Agenten, bieten Plätze als Hausmädchen in der Stadt an. Dienstmädchen aber sind in Brasilien Freiwild für ihre Herren. Und ist ein solches Mädchen erst einmal „verloren", hat sie auch sonst nichts mehr zu verlieren. Der Schritt ins Bordell ist nicht mehr schwer.

Und dann beginnt die Lüge. Die zumeist frommen Eltern bekommen erzählt, dass das Geld, das die brave Tochter nach Hause schickt, aus einem ehrbaren Job stamme, für sich selbst träumt das Mädchen den Traum vieler Prostituierten: vom Aussteigen, von der Heirat mit einem ordentlichen Mann, dem eigenen kleinen Geschäft, das sie sich erspart hat.

KINDESMISSBRAUCH ALS KAVALIERSDELIKT?

Historischer Rückblick

Die Geschichte der Kinderprostitution hat eine erschreckend lange Tradition. Vom alten Rom weiß man, dass schon Kinder ab sechs Jahren der Prostitution ausgeliefert wurden, auch bei den Azteken sowie im alten China wurden Kinder systematisch Gewinn bringend sexuell ausgebeutet.

Doch haben die Menschen die Kindheit als eine eigene, besonders schützenswerte Lebensphase lange Zeit nicht anerkannt. Wenn heute die UNO-Charta zum Schutz des Kindes jeden Menschen unter achtzehn Jahren als „Kind" versteht, so manifestiert sich darin ein menschheitsgeschichtlich sehr spätes Verständnis von spezifischen Entwicklungsphasen des einzelnen Individuums. Noch das ganze Mittelalter hindurch bis weit in die frühe Neuzeit hinein genoss das Kind keinerlei Sonderstatus in der Familie, auch nicht in Hinblick auf seine Sexualität. Kinder wurden nur als verkleinerte Kopien von Erwachsenen verstanden, die bald nach der verhältnismäßig späten Entwöhnung von der Mutter- bzw. Ammenbrust mit drei, vier Jahren auch ganz selbstverständlich in den familiären Arbeitsalltag eingegliedert wurden. Weder war Kinderarbeit ein Thema noch sexuelle oder sonstwie geartete Ausbeutung von Kindern. Dabei wurde kindliche Sexualität allerdings ebenso toleriert wie die der Erwachsenen, die sich auch in relativer Öffentlichkeit abspielte. Die ganze Familie schlief meist in einem einzigen Bett, Kinder wurden von sexuellem Verhalten nicht ausgegrenzt und auch nicht eigens davor „bewahrt". Geschlechtlichkeit gehörte dermaßen zu den Selbstverständlichkeiten des täglichen Lebens, dass es noch nicht einmal einen eigenen Begriff dafür gab.

Aber man darf man sich diese Zeit keineswegs als einen paradiesischen Naturzustand vorstellen. Im Gegenteil. Gewalt und Nötigung vor allem gegenüber Dienstboten, Untergebenen und Schwächeren waren an der Tagesordnung und davon blieben mit Sicherheit auch Kinder nicht verschont. Doch wurde sexuelle Gewalt nicht speziell von der sonst üblichen Ausbeutung und Brutalität unterschieden, Vergewaltigung und Prügel lagen für das Selbstverständnis der Zeit auf derselben Ebene.

Erst das 19. Jahrhundert und hier vor allem die Romantik entdeckte die Kindheit als eine eigene, hervorzuhebende Periode des Menschen, die es besonders zu schützen gelte.

Jetzt erst wurde man auch auf die oft entsetzlichen Bedingungen aufmerksam, unter denen Kinder gezwungen waren ganz allgemein sich selbst und ihre Arbeitskraft zu verkaufen. Noch Friedrich Engels beschreibt 1845 die haarsträubenden Zustände in englischen Fabriken und im Bergbau, wo kleine Kinder von *zwei* Jahren aufwärts schwere Arbeiten verrichten mussten, bei einer Arbeitszeit von 14 bis 16 Stunden! Kindheit endete damals für die ärmeren Schichten spätestens mit zehn, elf Jahren. Dabei wurde selbst von den fortschrittlichsten Denkern nicht die Kinderarbeit generell verurteilt, sondern nur deren Bedingungen und Umfang.

In diese Zeit fiel dann auch die Entdeckung bzw. Erfindung der „kindlichen Unschuld". Die Sexualität selbst wurde bekanntlich erst in dieser Zeit, im „Viktorianischen Zeitalter", als gefährlich unkontrollierbarer, tierischer Trieb abgewertet, von dem die reinen Frauen, besonders der Oberschicht, und unschuldige Kinder (noch) nicht beherrscht sein sollten.

Womit dann die Jagd auf solche unentwickelten, „unschuldigen" Kinder zum besonderen Vergnügen genusssüchtiger, libertinärer Kavaliere wurde – Kinder als sexuelle Delikatesse. Kleine Mädchen zu entjungfern wurde zum raffinierten Sport abgebrühter Lebemänner. Und je mehr die Kinder weinten und je heftiger sie bluteten, desto genussreicher war die Vergewaltigung. Und die Opfer standen zahlreich zur Verfügung.

Ähnlich wie heute in den Entwicklungsländern waren im Zuge der Industrialisierung viele verarmte, obdachlos gewordene Landkinder sowie arme proletarische Kinder gezwungen sich auf den Straßen der Städte zu verkaufen. Und das fast offiziell. Bis zum Jahr 1900 durfte sich jedes Mädchen ab vierzehn prostituieren. Erst dann wurde das Schutzalter auf sechzehn Jahre angehoben und damit die Sexualität mit Kindern und Jugendlichen auch im Bewusstsein der breiten Öffentlichkeit zum Missbrauch erklärt.

Es ist diese imaginierte Verbindung von „Unschuld" und „Verworfenheit", die die Freier reizte und auch die Kunst des gesamten 19. Jahrhunderts inspirierte. Auch Lewis Carroll, weltberühmter Autor von „Alice im Wunderland", war solch ein geheimer, wenn auch vielleicht nicht körperlich praktizierender Liebhaber „unschuldiger Lüsternheit". Seine Briefe an kleine Mädchen, liebevoll gesammelt und neu aufgelegt bei Diogenes, können noch heute jedem Kindesverführer als Vorlage dienen. Wie alle

Kinderliebhaber ist Carroll in vielen Anteilen seiner Persönlichkeit selbst auf der Stufe der Kindheit stehen geblieben, was ihn für seine kleinen Opfer auch so gefährlich machte. Etwas von dieser Gefährlichkeit erkennt man denn auch auf den von ihm selbst arrangierten Fotos seiner Kindergeliebten. Lasziv zur Schau gestellte kleine Mädchen, aufgeputzt wie Halbweltdamen, in der Pose der Verführerin.

Denn genau wie heute wurde auch damals entgegen dem Mythos von der kindlichen „Reinheit" dieser „frühverdorbenen Unschuld" nicht selten unterstellt, dass sie ja von sich aus „lüstern" beziehungsweise „unverklemmt" und „natürlich sinnlich" sei. Ein drastischeres Beispiel in diesem Zusammenhang ist Josefine Mutzenbacher, eine immer noch wegen ihrer „humorvollen Freizügigkeit" ganz unbefangen konsumierte Männerfantasie. Wie sich der Autor, auch berühmter Erfinder des Kinderbuchs „Bambi", Felix Salten, ein Herrenmensch der Oberschicht, die sexuellen Freuden eines Unterschicht-Mädchens vorstellen wollte: als siebenjähriges Naturmenschlein schon mit Begeisterung dabei, wenn ein Erwachsener es vergewaltigt.

Missbrauch der sexuellen Freiheit

Auch Otto Mühl, berüchtigter Aktionskünstler unserer Tage und Oberguru der Kommune Friedrichshof, der bekanntlich zum Wohl der ihm anvertrauten Kinder die von ihm psychisch abhängigen Mädchen auch tatkräftig „aufklärte", um zur „Zerschlagung der spießigen Kleinfamilie" und zur Herstellung der sexuellen Freiheit beizutragen, ist bis heute von seiner Unschuld überzeugt. „Ich habe nie jemanden vergewaltigt. Und Unzucht mit Unmündigen bedeutet, ich bin ein Kinderschänder. Das weise ich zurück. Ich habe mit einem dreizehneinhalbjährigen Mädchen geschlafen – ab vierzehn ist es erlaubt. Ich glaube nicht, dass ich jemandem geschadet habe. Unsere Meinung war, dass man Pubertierenden die Möglichkeit der Selbstentdeckung geben muss. Das Leid der unterdrückten Sexualität bis zum Selbstmord kennen wir doch alle", sagte er Ende 1997 in „News".

Missbrauch zur Beförderung und Steigerung kindlichjugendlicher Lust: ein Mythos, den bis heute viele Kinderschänder aufrechterhalten wollen. Es seien die Kinder selbst, die mit ihrer Lüsternheit arme, unschuldige Männer zu Straftaten verführten. Und nicht nur, um Cash zu machen, nein – aus purer kindlicher Geilheit.

Gebildetere Täter, wie auch Mühl, oft organisiert in geheimen „Pädophilen"-Zirkeln, berufen sich zur Rechtfertigung ihrer Schändungen gerne auf Ernest Bornemann.

Dieser nicht nur in Kollegenkreisen äußerst umstrittene Psychoanalytiker vertritt eine radikale sexuelle Selbstbestimmung im Kindesalter, wobei auch Sex mit Erwachsenen, der ja häufig von Kindern gewünscht werde, erlaubt sein soll. Dem Kind aber wird von Bornemann unterstellt, dass es oft selbst die Initiative zu „derartigen Beziehungen" ergreife.

Wobei der Libertin es nicht einmal für nötig hält genauer zu definieren, was er unter „derartigen Beziehungen", die offiziell erlaubt sein sollen, verstehen will. Exhibitionistische Handlungen? Penetration von Kleinkindern? Selbst Männer, die Säuglinge missbrauchen und ihnen dabei schwere Verletzungen zufügen, behaupten allen Ernstes, dass die Babys selbst sie zu diesen Spielen aufgefordert hätten.

Gegen diejenigen aber, die den Kindesmissbrauch öffentlich anprangern, zieht Bornemann mit einer vehementen Polemik zu Felde, einer Polemik, die der lebenslangen Leiden der Opfer in grausam ignorantem Ton Hohn spottet: „Hinter der scheinheiligen Fassade der Sorge um das Wohl des geschändeten Kindes verbirgt sich in diesen Büchern eine neue, eine gefährlich reaktionäre Form der Leibfeindlichkeit. Denn unter dem Vorwand das Kind vor Vergewaltigung zu schützen, wird ihm in Schriften dieser Art das Recht auf eigene, autonome Sexualwünsche und deren Erfüllung abgesprochen. Damit werden hundert Jahre der Sexualpädagogik und des Kampfes um die Befreiung des Kindes von sexuellen Restriktionen rückgängig gemacht" (zitiert nach Christian König).

Eine Position, die der Verführung und Nötigung bis hin zur Vergewaltigung auch von ganz kleinen Kindern Tür und Tor öffnet. Denn wie diese „eigene, autonome Sexualentwicklung" aussieht, das bestimmt hier immer der „verführte" Erwachsene selbst.

„Solche Täter haben in der Regel eine völlig verzerrte Vorstellung von Sexualität", weiß der Therapeut Jonni Brem von der Männerberatungsstelle Wien. „Sie kehren die Beziehung von Täter und Opfer um und erleben sich selbst als Opfer der sexuellen Lust der Kinder. Schuldgefühle kommen so gar nicht auf. Und selbst noch wenn sie sehr junge, sieben-, achtjährige Kinderprostituierte benutzen, rechtfertigen sie sich mit dem Argument, dass die Kinder ja unbedingt Geld brauchten, was würden die machen ohne uns."

Vor allem in den armen Ländern werden die Missbraucher auf diese Weise in ihren eigenen Augen zu Wohltätern, die mit Hilfe milder Gaben aus dem Sexgeschäft die

Familien ihrer Opfer unterstützen. So wird die sexuelle Ausbeutung zur Dritte-Welt-Hilfe umgedeutet, die seelische wie auch die körperliche Vergewaltigung zur Lust.

Die Wirklichkeit der Opfer

„Pädosexuelle sind Meister des Verdrängens", berichtet auch Peter Wanke, Mitarbeiter einer Familienberatungsstelle in Wien, der auf die Beratung von Missbrauchstätern spezialisiert ist.

„Auch die Schmerzen der Kinder werden nicht nur nicht wahrgenommen, sondern einfach als Lust erlebt. Nur *wir* glauben, dass das wehtut, in Wirklichkeit aber haben die Kinder Spaß daran. Erst recht die prostituierten Kinder armer Länder. Diese Kinder, so behaupten die Täter, seien vollkommen freiwillig und freudig bei der Sache."

Ja, weil sie Geschenke bekommen und Geld. „Ich dachte immer nur an das Geld", berichtet ein prostituierter philippinischer Junge in dem von Martin Block herausgegebenen Buch „Tatort Manila". Aber, fügt er hinzu, das große Geschäft mache das Sexsyndikat. Sie selbst hätten jeweils nur einen kleinen Teil des Geldes erhalten. „Sie kauften uns wie eine Ware. Für ihr eigenes Vergnügen. Irgendwann spürst du keine Schmerzen mehr, keine Angst. Du machst einfach mit." Und dazu kommt dann noch der Mythos „sexueller Frühreife", nach dem Kinder in exotischen Ländern wesentlich früher entwickelt sein sollen als bei uns – und der Täter fühlt sich als Beglücker seiner Opfer.

Die Wirklichkeit der Opfer aber sieht anders aus, wie z. B. folgender Bericht aus „Tatort Manila" beweist: „Eines Tages sagte der Chef zu mir: ‚Willst du viel Geld verdienen? Schnelles Geld?' Er brachte mich in ein Hotelzimmer. Dort wartete ein Ausländer auf mich. Ich wusste nicht, was er von mir wollte. ‚Los, zieh dich aus‘, sagte der Mann, ‚leg dich aufs Bett.‘ Ich war total erschrocken und wollte nicht. ‚Los, aufs Bett, zieh dich aus.‘ Dann schlugen sie mich und hielten mich fest. Der Ausländer missbrauchte mich in allen Stellungen. Er steckte mir seinen Penis in den Mund und in den Po. Das tat höllisch weh. Ich schämte mich und heulte. Als alles vorbei war, gab er mir 100 Pesos, das sind etwa drei Dollar. Warum ich nicht weggelaufen bin? Sie drohten mir, wenn ich abhaue, dann töten sie mich.“

Von Schmerzlust keine Rede, von „sexueller Frühreife“ schon gar nicht. Es ist nichts anderes als grauenhafte Armut, die diese jungen Mädchen und Kinder in die Prostitution treibt.

Wenn sie sich nicht in ihrer Unerfahrenheit einlassen auf die eigenen wachgekitzelten sexuellen Gefühle. Denn das gibt es tatsächlich auch, „Kinder, die sich hingeben“, wie Prof. Max Friedrich diejenigen Kinderprostituierten nennt, die sich in ihre eigene Sexualität einlassen. Vernachlässigte, von Anbeginn an vereinsamte, ungeliebte Mädchen, die sich endlich wenigstens von den Freiern wichtig genommen fühlen. „Solche Mädchen finden nur in den allerseltensten Fällen wieder heraus. Die fühlen sich toll als Prostituierte, sind das erste Mal anerkannt, stehen im Mittelpunkt und bekommen sofort Zuwendung von ihrem Freier. Bei solchen Kindern geht es um sofortige Bedürfnisbefriedigung, sowohl was die Sexualität selber angeht wie auch den Konsumgewinn.“

Das sind dann die Mädchen, die sich selber als zukünftige Stars phantasieren, wenn sie halb oder ganz nackt auf der Bühne des Nachtclubs tanzen, begehrt von allen zuschauenden Männern. Hier geht es nicht ums nackte, sondern ums möglichst schick bekleidete Überleben; die Konsumprostitution halbwüchsiger, seelisch verwahrloster Mädchen ist auch in Europa weit verbreitet. Und hier besonders in den osteuropäischen Ländern. EU-weit schätzt man die Zahl der illegal in den Westen eingereisten, oft auch verschleppten, meist sehr jungen Prostituierten auf eine halbe Million, in einer Studie unter fünfzehnjährigen Petersburgerinnen rangiert Prostitution unter den ersten drei Berufswünschen, berichtete „News" im Herbst 1997.

Der slowakische Zuhälter Jiři K. (von dem im Zusammenhang mit Internet-Pornografie noch einmal die Rede sein wird, siehe S. 79) mag durchaus manchmal Recht haben, wenn er seinen Mädchen Spaß an der Sache unterstellt. „Außerdem: Viele machen ohnehin nur das, was sie zu Hause auch machen. Das alles ist für sie nichts Neues." Doch es wird für sie auch weiterhin nichts Neues mehr geben. „Diejenigen, die sich hingegeben haben, die machen weiter", weiß Prof. Friedrich aus langjähriger Erfahrung. „Es findet da eine Ego-defence, eine Spaltung statt. ‚Diesen Drecksäuen nehmen wir das Geld ab', so reden diese Mädels. Sie verachten ihre Freier zutiefst, fühlen sich selbst unendlich überlegen. An Aussteigen ist gar nicht zu denken."

Die Selbstverachtung, von der die allermeisten Prostituierten lebenslang gequält werden, wird bei solchen Kindern in völlige Selbstüberhöhung verkehrt, erst recht aber, wenn ihre Kunden, wie häufig der Fall, aus „besseren" Kreisen stammen.

Wer sind die Täter?

„Es sind immer nur die Augen, diese großen, einsamen Augen, in die ich mich verlieben muss", sagt Walter B.,

53, wiederholt angeklagt wegen Unzucht und pornografischer Handlungen mit Kindern.

Der große, grauhaarige Mann mit dem freundlich-schüchternen Lächeln, ein durchaus erfolgreicher Versicherungsvertreter, sitzt wieder einmal in Untersuchungshaft. Diesmal war das Opfer ein sechsjähriges Nachbarskind aus dem Gemeindebau. In einem Interview mit der Journalistin Leonore Reiter, der ich für die Erlaubnis zur Veröffentlichung des Gesprächs danken möchte, sagte Walter B.: „Eins von diesen armen, verlorenen Kindern, Mutter berufstätig, Stiefvater Gelegenheitsarbeiter und dazu noch mehrere Geschwister, alle sich selbst überlassen. Das Mäderl hat mir einfach leidgetan, verstehn S'?" Und wirklich rührend, wie sich der gute Onkel um das Mädchen kümmerte. Jede freie Minute spielte er mit ihr, kaufte ihr Spielzeug, schenkte ihr die lange entbehrte Zärtlichkeit. Kein Wunder, dass die Kleine aufblühte und auch die Mutter sich freute. Endlich war da jemand, der sich um das verlassene Mädchen kümmerte, rührend kümmerte. Alles war wie im Märchen. Bis die Kleine anfing, sich auffällig zu exhibitionieren und schließlich die Kindergärtnerin aufmerksam wurde. Walter B. zerknirscht: „Ich habe ja die ganze Zeit versucht mich zu beherrschen, ich wollte das ja nicht, das Sexuelle. Ich wusste ja, das ist nicht recht. Aber wenn sie da so herzig auf meinem Schoß gesessen ist, die Arme um mich geschlungen, mir ist ganz anders geworden. Und dann immer dieser Blick! Die riesigen, hungrigen Augen."

Auch Prof. Friedrich bestätigt: „Sehr viele Täter sprechen davon, von diesem scheuen kindlichen Blick. Dieser Blick ist auch für viele der ganz besondere Reiz an den Kinderpornos."

Dieser unschuldige, dabei so sehnsuchtsvolle Ausdruck

in den Augen ließ dann auch die Sehnsucht des Mannes übermächtig werden. „Ich habe ihr nicht wehgetan, ich wollte nur ganz zärtlich mit ihr sein. Sie glücklich machen. Und auch wenn ich hier oben im Kopf weiß, dass es nicht richtig ist, hier aber" – er schlägt sich mit der Faust aufs Herz – „hier fühle ich, dass sie wirklich glücklich mit mir war!"

Das ist eine Verteidigungsstrategie, die viele Täter benutzen und an die sie auch ganz aufrichtig glauben. Denn tatsächlich sind ja viele, wenn auch nicht alle Missbrauchsopfer sehr einsame und arme Kinder, sowohl materiell als auch psychisch, die dringend Zuwendung und Anerkennung brauchen. Doch gerade diese Not wird dann vom guten Onkel im wahrsten Sinn des Wortes schamlos für die eigenen Zwecke ausgenutzt.

„Diese vermeintlichen Förderer benutzen die Kinder nur als Spiegel für die eigenen Bedürfnisse", spricht Peter Wanke aus Erfahrung. „Auch wenn sie immer wieder betonen, wie sehr sie auf das Wohl des Kindes bedacht seien, in Wahrheit geht's ihnen nicht um das Kind, sondern nur um sich selbst."

Doch kein Wunder, dass Walter B. sein Glück mit dem des Kindes verwechselt. Auch er „durfte" mit sechs Jahren schon der Geliebte einer ausgewachsenen, großen Frau sein, einer Nachbarin im Gemeindebau. Allerdings – ganz so ungetrübt, wie er sich das heute vorstellen will, kann dieses Glück dann doch nicht gewesen sein. Bis jetzt erinnert er sich schaudernd an die Angst, die er vor dem großen, fremden Frauenkörper empfand. Da gefielen ihm die für den Freund seiner „Geliebten" inszenierten Doktorspiele mit deren Töchterchen schon weitaus besser.

Und um viel mehr als nur um solche „unschuldigen" Doktorspiele geht's ja auch heute nicht, wenn er seine kleine Freundin glücklich machen will. Dass er diese Spiele dann manchmal auch mit der Videokamera gefilmt hat, kann doch so schlimm auch wieder nicht sein, oder etwa doch?

Das ist ein ganz typisches Problem auch in Hinblick auf eine eventuelle psychotherapeutische Behandlung dieser Tätergruppe: Die allerwenigsten sind überhaupt zu einer echten Schuldeinsicht fähig. Besonders dann nicht, wenn der Missbrauch anscheinend gewaltfrei abgelaufen ist und nur in Gestalt einer schleichenden Verführung „ganz sanft und allmählich" stattgefunden hat. Der deutsche Sexualwissenschaftler Eberhard Schorsch hat wiederholt auf den eher sanftmütigen, triebschwachen Charakter Pädophiler hingewiesen. Der Pädophile wolle nur seine eigene Kindheit rekonstruieren und an sich selbst und anderen wieder gutmachen, was man an ihm falsch gemacht habe. Der Koitus sei nur selten sein Ziel, eher „prägenitale" Praktiken, wie streicheln und gestreichelt werden. Dass dieses intendierte „Wiedergutmachen" in der Praxis dann zu einem „Schlechtmachen" führt, nämlich zur oft lebenslangen sexuellen Verstörung des Opfers, verliert man bei einer solchen nur täterorientierten Perspektive allerdings leicht aus den Augen. Und auch die behauptete Sanftmut Pädosexueller ist vielfach nur ein psychoanalytischer Mythos, wie auch Eberhard Schorsch selbst in seinen bahnbrechenden Studien zur Dynamik sexueller Tötungen aufzeigt. Gerade Gewalt, Erniedrigungen, sadistische Grenzüberschreitungen sowie Exhibitionismus und Voyeurismus, die „Partialtriebe" also, spielen ja in Kinderpornos eine ganz besondere Rolle. Vom psychoanalytischen Gesichtspunkt aus ist das kein Wunder, sind doch gerade die prägenitalen Triebstrebungen, die oral- und anal-sadistischen Phasen, durch die Lust am Beißen, Zerreißen, sich gewaltsam Einverleiben wie auch Beschmutzen, Bezwingen, Erniedrigen und Machtausüben gekennzeichnet. Weshalb es denn auch immer wieder zu schweren sadistischen Gewaltverbrechen „Pädophiler" an Kindern kommt, gerade *weil* es sich um solche „prägenitale" Triebwünsche handelt.

Doch auch die Folgen der „sanften" Verführung sind bekanntlich alles andere als ein Beitrag zur „sexuellen Selbstbestimmung des Kindes", wie der weiter oben zitierte Ernest Bornemann sich selbst und seinen Gefolgsleuten einreden will. Im Gegenteil. Oft fühlt sich das so sanft verführte Kind dann auch noch allein schuldig, weil es sich nicht zur Wehr gesetzt und vielleicht sogar noch körperliche Lust empfunden hat. Das sind Schuldgefühle, die von den Tätern gerne ausgenutzt werden, um das Opfer zum Schweigen zu zwingen. Solche Schuldgefühle werden in unverantwortlicher, ja geradezu perfider Weise zusätzlich geschürt, wenn jemand wie Bischof Kurt Krenn zur Verteidigung seines Amtsbruders Groër die missbrauchten Kinder als Mittäter der Sünde zeiht. Das ist das besonders Schreckliche und tief Verwirrende beim sexuellen Missbrauch, wie auch Ernst Bartosch (in: „Zuliebe zu Leibe", herausgegeben von Rotraud Perner) aus der Sicht der psychoanalytischen Selbstpsychologie betont: „Der Angriff auf die Souveränität der Person erfolgt nicht nur von außen, es kommt noch die Bedrohung aus dem Innersten des eigenen Körpers hinzu. Die Gefühle, die im Kind ausgelöst werden, kann das Kind nicht als ‚nicht zu ihm gehörend' wegschieben. Es kann sich davon nicht oder viel schwerer distanzieren als von etwas, das ihm von außen getan wurde."

So kommt zur Tat selbst dann auch noch das jahrelange Verschweigen, was die Aufdeckung, geschweige denn Aufarbeitung und Bewältigung des Missbrauchs, zusätzlich erschwert. Völlige Selbstentwertung ist die Folge.

Nach mehreren amerikanischen Studien von Weisberg, Silbert/Pines und Bagely/Young über die Entstehung von Kinderprostitution sind 80 Prozent aller minderjährigen Prostituierten seit ihrer frühen Kindheit sexuell missbraucht worden. Beim ersten Missbrauch waren 18,2 Prozent jünger als sechs Jahre, 18,2 Prozent sechs bis sieben Jahre, 15,1 Prozent zehn bis elf Jahre, 9,1 Prozent zwölf bis dreizehn Jahre, 3,0 Prozent vierzehn bis sechzehn Jahre alt. Und entgegen dem Bild vom so sanftmütigen Kinderliebhaber wurde in 82 Prozent der Fälle Gewalt angewendet. Fast alle von Erwachsenen sexuell missbrauchten Kinder aber, nämlich 99 Prozent, hatten danach sehr negative Gefühle sich selbst gegenüber. 96 Prozent liefen wegen dieser „Erfüllung ihrer sexuellen Selbstbestimmung" von zu Hause weg.

„Missbrauch stellt immer einen Einbruch in die Integrität des Kindes dar", sagt Ursula Kiba von der Beratungsstelle für missbrauchte Mädchen in Wien. „Das Selbstwertgefühl wird zutiefst verletzt."

Eine Verletzung, die, statt sie „wieder gutzumachen", wie es die behauptete Intention „Pädophiler" sein soll, häufig an die nächsten Generationen weitergegeben wird.

„Ein Drittel aller Pädosexuellen sind selbst in ihrer Kindheit missbraucht worden", sagt der Psychotherapeut Jonni Brem von der Männerberatungsstelle Wien, „alle aber haben schwere Traumata in ihrer Kindheit erlitten beziehungsweise waren gefühlsmäßig sehr verwahrlost. Die meisten leiden an einer massiven Spaltung: Zwar können sie sich an die Demütigungen und den Missbrauch in der eigenen Kindheit sehr wohl erinnern, aber sie sind nicht in der Lage, diese Erlebnisse mit den eigenen Empfindungen, erst recht aber nicht mit denen von *anderen* Personen zu koppeln. So können sie keinerlei Vorstellungen von den wahren Bedürfnissen und Wünschen der Kinder gewinnen. Diese Täter erleben sich tatsächlich oft allen Ernstes selbst als die verführten, unschuldigen Opfer der sexuellen Lust der von ihnen missbrauchten Kinder."

Auch Walter will erlebt haben, dass „seine" Kleine sich vor ihm in eindeutiger Absicht entblößt habe: Der Unterschied zwischen kindlichem, durchaus altersgemäßem Exhibitionismus und seiner erwachsenen, pornografischen Schaulust will und darf ihm nicht in den Kopf. Selbst wenn er immer wieder nach einer Therapie verlangt – auch in der Hoffnung auf eine nur bedingte oder herabgesetzte Strafe –, Psychotherapie ohne echten Veränderungswillen des Klienten funktioniert nicht. Doch gerade am Veränderungswillen hapert's bei diesen Tätern. Alle Therapeuten berichten übereinstimmend, dass die meisten Pädosexuellen eher versuchen, die Therapeuten zu missionieren. „Sie wollen sich nicht von ihrer eigenen Infantilität verabschieden", weiß Peter Wanke, „denn sie sind überzeugt, dass echte, lebendige Lebensenergie nur in der Kindlichkeit zu finden ist."

Dabei werden auch immer wieder psychoanalytische Theorien ins Feld geführt. Es sei nur die restriktive Sexualmoral, die Sex mit Kindern zum Verbrechen mache. Schon Freud habe nachgewiesen, dass es die größte Sehnsucht eines jeden kleinen Mädchens sei, vom väterlichen Penis penetriert zu werden, und dass sie selbst, die Pädophilen, ja nichts anderes wollten als genau diese Wünsche zu befriedigen.

Ja, in solch einer Deutung kann der Missbraucher tatsächlich zum guten, zum allerbesten Onkel werden, der dem Kind zu Liebesglück verhilft. Auch Walter ist solch ein „guter Onkel" bzw. Vater gewesen, als er vor Jahren auch seinem eigenen Töchterchen die Freude machte, ihre ödipalen Bedürfnisse mit ihm vor laufender Kamera befriedigen zu dürfen. Und auch heute noch, 15 Jahre später, ist er tolerant. „Meine Tochter arbeitet schon, seit sie dreizehn ist, als Prostituierte, ich weiß nicht, ob ich daran schuld bin? Aber sie macht es wirklich gerne!"

Josefine Mutzenbacher lässt grüßen.

Und genau wie im Roman, so ist es auch in Wirklichkeit, in der Wirklichkeit dieser pädosexuellen Männerköpfe. Es gibt für Pädosexuelle keinen Unterschied zwischen kindlicher Sexualität und der von Erwachsenen.

„Diese Deutung geht penetrant am kindlichen Erleben vorbei", schreibt der Psychologe und Sexualtherapeut Holger Eich in seinem ausgezeichneten Aufsatz „Der Kuss der Macht" in „Zuliebe zu Leibe" über die Möglichkeit und Unmöglichkeit kindlicher Erotik, „sie ist eine typisch verzerrte Interpretation Außenstehender und ignoriert 50 Jahre psychologischer Forschung. Das sexuelle Interesse des Kindes ist die eigene lustvolle Empfindung. In diesem Sinne ist es egozentrisch. Es ist interessiert an der Herstellung eines Zustandes von Wohlbefinden."

Was der Kinderliebhaber in seiner sexuellen Infantilität mit seinem Liebesobjekt gemeinsam hat: das ausschließlich egozentrische Streben nach der eigenen lustvollen Empfindung. Wofür dann auch Verdrängungen von widersprechenden Wahrnehmungen in Kauf genommen werden und die kindliche Neugier eben kurzerhand in das Begehren nach dem „phallischen Objekt" umgedeutet wird.

„Diese Täter sind in ihrer eigenen sexuellen Entwicklung stehen geblieben", begründet der Therapeut Peter Wanke diesen gefährlich blinden Fleck in der Wahrnehmung, „sie fühlen sich selbst so unschuldig wie ein Kind bei diesen ‚Onkel-Doktor-Spielen', haben die Empfindung, dass bei einem Kind auch ihre eigene Unschuld erhalten bleibt. In Wahrheit geht es ihnen ja auch kaum um Sexualität, selbst wenn sie ihre Gefühle sexuell leben. Ihnen geht es um Macht, um Kontrolle über den Schwächeren." Über den Schwächeren, das verloren gegangene Kind auch in ihnen selbst. „Sie wollen in Kontakt mit den Teilen von sich selbst kommen", sagt Wanke, „mit dem Kind, zu dem Zeitpunkt, wo sie in ihrer Entwicklung stehen geblieben sind. Sie erleben sich selbst erst durch das Kind als Ganzes."

Eines ist allen diesen Pädosexuellen gemeinsam: „Sie sind sehr schwache, verlorene, einsame Menschen, die aufgrund ihrer Macht als Erwachsene auf das zurückgreifen, wo sie sich sicher fühlen." Das Kind als Mittel, wenigstens einmal die eigene Stärke zu erleben.

Denn wenn auch viele Kinderliebhaber behaupten, dass sie vor allem nach dem Glück der von ihnen missbrauchten Kinder streben, auch und vor allem der prostituierten Kinder, die mit Hilfe ihrer Missbraucher wenigstens ein menschenwürdiges Leben führen könnten – in Wahrheit sind die Kinder nur Mittel, das eigene Entwicklungsdefizit nicht spüren zu müssen.

Auch Ernest Bornemanns Statement zur „Pädophilie" klingt wie eine zynische Verhöhnung der Ausgebeuteten und die Beschönigung, ja Rechtfertigung sexueller Misshandlung von Kindern: „Während die Freier der Jugendprostituierten rücksichtslos auf ihre eigene Befriedigung, ihren eigenen Orgasmus aus sind, versuchen die Kunden der Kinderprostituierten vor allem die Kinder zu befriedigen und setzen ihre eigene Befriedigung hintan. Koitus wird kaum jemals angestrebt. Ejakulationen sind selten ... Der Kunde der jugendlichen Prostituierten will sich an ihrem jugendlichen Körper befriedigen. Es ist ein liebloser Akt, der dem Kunden oft nur dann gelingt, wenn er das Mädchen mit Verachtung betrachtet. Der ‚Kinderliebhaber' dagegen ‚liebt' Kinder tatsächlich und erzielt seine Befriedigung, indem er dem Kinde jene Befriedigung verschafft, die ihm in seiner eigenen Kindheit versagt geblieben ist. Das heißt: Er versucht, an dem Kinde gutzumachen, was seine Eltern an ihm versäumt haben ...", wird Bornemann in „Gestörte Sexualentwicklung bei Kindern und Jugendlichen" von Christian König zitiert.

Wobei laut Bornemann dieses Versäumnis der Eltern darin besteht, dass sie mit ihrem Kind nicht den von ihm ersehnten Inzest ausgeführt haben.

So Bornemanns Fantasie.

„Auch wenn die Pädosexuellen behaupten, dass es ihnen um Liebe und Beziehung gehe", weiß auch Jonni Brem, „die Kinder haben als Liebesobjekte keinen anderen Rang als den eines Fetischs und werden überhaupt nicht als eigene Persönlichkeiten wahrgenommen. Erst recht nicht in der Kinderprostitution. Auch wenn die Männer immer wieder dasselbe Kind in Prag besuchen, wo im Augenblick die Szene ja besonders floriert, im missbrauchten Kind werden immer nur die eigenen Interessen gespiegelt."

Das heißt, das Kind wird überhaupt nicht als Opfer des Erwachsenen wahrgenommen, sondern als lustvoll mitagierender, ja verführender Täter. Schuldgefühle beim Täter kann es so nicht geben.

Woher kommen die Täter?

Die Missbraucher kommen aus allen Schichten: Österreichs bis 1996 größte Agentur zur Vermittlung von Pornoakteuren, die inzwischen wegen Betruges aufgelassene „Ankündigungs-Modellwerbung", hatte eine über 300, zum Teil bekannte Namen umfassende Datei mit potentiellen erwachsenen Darstellern für Kinderpornos.

„News" berichtete im Herbst 1996: Lehrer, Krankenpfleger, Ärzte, darunter ein Schularzt, Bankangestellte, ein Mitarbeiter des Justizministeriums, ein Polizist der Elitetruppe Wega – die meisten Männer dieser Datei sind zwischen 25 und 50, gut verdienend, viele verheiratet, die pornografische Korrespondenz wird über Postfach abgewickelt. Und die meisten haben auch Erfahrungen mit dem Sextourismus. Ein 40-jähriger Elektrotechniker etwa schreibt: „Da ich vergangenes Jahr selbst auf den Philippinen Aufnahmen gemacht habe und dabei sehr großen Spaß entdecken konnte, möchte ich Ihnen meine Mitarbeit anbieten."

Nur der Schulwart einer Volksschule in Niederösterreich beklagt: „Der Ort, aus dem ich komme, ist so klein, dass ich meine Veranlagung nicht ausleben kann. Bei Ihnen hoffe ich meine Bedürfnisse endlich befriedigen zu können. Eine Reise nach Thailand kommt bei meinem Gehalt einfach nicht in Frage." Dass erschreckend viele dieser Möchtegernakteure aus dem pädagogischen Umfeld kommen, ist kein Wunder, sind sie doch auf diese Weise auch den Objekten ihrer Begierde am nächsten. Und auch manche Theologen werden überaus gerne wie die Kindlein, wie nicht erst der Fall Kardinal Groër zeigte. Gerade in diesem Umfeld können solche Täter besonders geschützt agieren: Um keinen Skandal zu provozieren, vertuscht die Kirche solche Peinlichkeiten lieber, versetzt ihre Kinder-Liebenden an einen anderen Ort, wo sie wieder ihrer Neigung frönen können … Bei den Theologen ist es wie bei den Pädagogen, Gelegenheit macht Liebe.

Ein Mitglied des Landesschulrates eines großen österreichischen Bundeslandes, ein führender Pädagoge also, preist der „Ankündigungs-Modellwerbung" seine Künste folgendermaßen an: „Wie ich am Telefon schon erwähnte, bin ich für alles einsetzbar. Sollten Filmfirmen auch mit sehr jungen Mädchen und Buben Filme drehen, so können Sie mich jederzeit für derartige Rollen anbieten. Je jünger, umso lieber wäre mir die Sache. Ich ersuche aber um wirklich 100-prozentige Diskretion, da ich beruflich sehr gut gestellt bin. Ich habe auf dem erwähnten Gebiet auch schon etwas Erfahrung sammeln können." Dazu Name, Adresse, Nacktfoto von sich selbst, alles echt.

Eine solche fast kindliche Naivität und Arglosigkeit, die kennzeichnend ist für die meisten sich als Darsteller in Kinderpornos anbietenden Männer und für Pädosexuelle überhaupt, ist vielleicht die einzige Verhaltensauffälligkeit, die allen gemeinsam ist. „Charakteristisch ist allgemein eine infantile Persönlichkeitsstruktur mit einem hohen Maß an Liebesbedürftigkeit", kennzeichnet Prof. Max Friedrich den Missbrauchertypus in „Tatort Kinderseele". „Ob Versäumtes oder Vorenthaltenes oder nicht intensiv genug Erlebtes im Erwachsenenalter – ein Ausgleich für diese Defizite wird schließlich durch verbotene Handlungen immer wieder gesucht, gefordert und scheinbar befriedigt oder aber einem anderen (dem Opfer) ebenfalls genommen".

Laut Schätzungen sind fünf Prozent der Österreicher pädosexuell, das heißt, es gibt hierzulande etwa hunderttausend Männer, die als Missbrauchstäter in Frage kommen.

Wobei in der Regel jeder Täter meistens mehrere Opfer missbraucht. Nach einschlägigen Statistiken kommen bei rein innerfamiliären Taten auf einen Mann zwei Opfer; also Vater oder Großvater verführen, wenn sie erst einmal begonnen haben ihren Trieb auszuleben, alle ihnen anvertrauten Kinder, je nach Neigung Töchter oder Söhne (bzw. Enkel) oder beides. Viele Missbraucher unterscheiden nicht nach Geschlecht, was den von Jonni Brem erwähnten Fetischcharakter der kindlichen Lustobjekte noch einmal mehr zeigt. Kind ist Kind, egal ob Junge oder Mädchen. Wenn die Täter aber das Geschlecht wahrnehmen, dann bevorzugen sie ihr eigenes, denn es geht ihnen ja um sich selbst, um sich selbst als Kind.

Viele Männer aber benutzen nicht nur die eigenen Kinder, sondern auch deren FreundInnen. Auf diese Gruppe entfallen dann im Durchschnitt schon zehn Opfer. Wer aber fremde Kinder schändet, also nur außerfamiliär tätig wird, der kommt im Durchschnitt auf eine Anzahl von dreißig Opfern. Manche, hier vor allem im pädagogischen Bereich, zählen weit über hundert Opfer. Und sie zählen, denn viele Missbraucher führen akribisch genau Buch über ihre sexuellen „Leistungen".

„Jeder Österreicher kennt einen Kinderschänder in seiner Umgebung", sagt Prof. Friedrich, „es gilt nur ihn zu erkennen". Doch gerade diese Erkenntnis ist eben das Problem. Kinderschänder sind, abgesehen von ihrer sexuellen Neigung, in der Regel vollkommen unauffällige, ja oft besonders angepasste, „brave" Menschen. „Double-face-Typen" wie der Psychotherapeut Jonni Brem sagt, besonders liebe, nette Leute, die ihre verbotene Neigung durch besonderes Wohlverhalten zu verbergen suchen.

Missbraucher sind in der Regel alles andere als „Triebtäter", die von einem plötzlichen, unwiderstehlichen Verlangen zu ihren Taten gezwungen werden. Im Gegenteil. Die meisten Täter gehen erschreckend skrupellos und kontrolliert vor; sie planen ihren Missbrauch in der Regel von langer Hand.

„Das ist ja das eigentlich Schockierende", sagt Jonni Brem; „es handelt sich hier ja nur in den allerseltensten Fällen um Triebtäter, das heißt um Männer, die unwiderstehlich und plötzlich von ihrem Trieb übermannt werden. Im Gegenteil. So wie es dem Kindesmissbraucher vor allem um Macht und Kontrolle über sein kindliches Sexobjekt geht, so besitzt er auch eine oft extreme Kontrolle über die eigene sexuelle Bedürfnisbefriedigung. Er kann die Befriedigung über lange Zeit aufschieben, meist werden die Taten in jahrelanger Vorbereitung geplant, Kontakte zu Gleichveranlagten, zu Zuhältern geknüpft, bis es dann schließlich zur Handlung kommt."

Die Täter-Typen

Man unterscheidet verschiedene Tätertypen, je nach Alter und Geschlecht ihrer Opfer sowie auch nach der Art des Missbrauchs selbst. Die folgende Aufzählung folgt der

Einteilung von Prof. Max Friedrich in „Tatort Kinderseele".

Der *infantile Täter* ist „im sexuellen Entwicklungsstadium des Herzeige-Alters und der Stufe der Vater-Mutter-Kind-Spiele verhaftet geblieben". Dieser Typus ist es, der auch besonders gerne die eigenen Aktivitäten mit der Kamera verewigt und Pornos konsumiert. Wobei erwiesen ist, dass *alle* an der Herstellung und dem Vertrieb von Kinderpornos Beteiligten selbst Opfer von Kindesmissbrauch gewesen sind, sagt Prof. Friedrich.

Der *ödipale Täter* ist im Kampf um den gegengeschlechtlichen Elternteil stecken geblieben, er will dem Kind – und damit sich selbst als Kind – jene ausschließliche Liebe „schenken", die er sich selbst vergeblich ersehnte.

Der *pubertäre Täter* ist in die Konflikte seiner eigenen Pubertät verstrickt geblieben, in diese Zeit sexueller Ungewissheit und Unsicherheit, und nutzt jetzt seine Überlegenheit als Erwachsener, um sich als stark und mächtig zu erleben.

Der *adoleszente Täter* ist der wohl am meisten verbreitete und damit auch der unauffälligste Typus; der Liebhaber ganz junger Lolita-Mädchen. „Menschen, die psychisch auf diese Entwicklungsphase fixiert bleiben, werden die Erregungen der ersten sexuellen Begegnungen lebenslang wiederholen. Sie entwickeln eine Vorliebe für noch suchende, unsichere Partner, was zu Übergriffen auf Kinder und Jugendliche führen kann, die zu idealen ‚unwissenden' Opfern des bereits ‚Wissenden' werden", schreibt Max Friedrich. In diese Gruppe fallen sehr viele der nach Thailand und den Philippinen reisenden Sextouristen sowie auch unter den Typ *Professor Higgins,* dem es vor allem darum geht, sich selbst als absolut dominierend, mächtig und (auch finanziell) potent zu erleben.

Auch der *senile Täter* ist im Sextourismus noch voll aktiv (wenn auch meistens nicht mehr penetrierend). Gerade der „Opa-Strich" in Thailand und auf den Philippinen blüht, da werden oft sehr kleine Kinder im Vor- und Volksschulalter eigens zum Befummeln und Beschauen verkauft, was die natürliche Scham der Kinder zutiefst verletzt.

Neben diesen psychologisch einordenbaren Typen gibt es noch die geisteskranken und die unberechenbaren Täter, doch auch wenn sie oft sehr spektakuläre und Entsetzen erregende Delikte setzen, fällt ihre Anzahl weniger ins Gewicht.

Täterinnen spielen im Sextourismus keine irgendwo aufscheinende Rolle, obwohl bekannt ist, dass auch Frauen sich durchaus an Kindern sexuell vergreifen können. Dafür aber kommt den *Mittäterinnen* eine fatale Bedeutung zu. Als Kupplerinnen und Verkäuferinnen ihrer eigenen und fremder Kinder, als Aufsichtspersonen und Betreuerinnen in Bordellen und zu Prostitutionszwecken angemieteten Wohnungen obliegt ihnen meistens die Versorgung, Pflege und vor allem auch die Bewachung der kindlichen Sexsklaven. Ohne die aktive Mitwirkung der Frauen wäre das Geschäft mit dem Kindersex kaum möglich. Noch gibt es keine Untersuchungen zu diesen modernen Sklavenhalterinnen, aber wie schon der Bericht über das Dorf Bansan Luang im Norden von Thailand zeigte (siehe Seite 37 f.), sind vermutlich viele dieser Frauen selbst Missbrauchsopfer gewesen. In ihrer gesunden seelischen Entwicklung gestört sind sicherlich alle. Täter und (Mit-)Täterinnen.

KINDESMISSBRAUCH IM INTERNET

Das Geschäft mit Kinderkörpern bedeutet den Ausverkauf von Kinderseelen. Der bedeutendste Markt für Kinderpornografie ist Japan, doch auch Europa und die USA sind wichtige Zielländer. Die UNICEF schätzt, dass auf dem Weltmarkt allein mit Kinderpornografie, direkte Kinderprostitution nicht mitgerechnet, 500 Millionen DM Umsatz gemacht werden; allein in Deutschland schätzen Polizeiexperten die Anzahl der Sammler von Kinderpornografie auf 50.000 Männer.

Per Internet können Sextouristen schon vor ihrer Reise ihre Opfer auswählen. Aber auch Bordellbesitzer bestellen bei kriminellen Schlepperbanden und Menschenhändlern auf diese Weise „frische Ware". „Terre des hommes" hat ausfindig gemacht, dass etwa in Thailand Kinder vor ihrer Schule fotografiert und diese Fotos per Internet an Bordellbesitzer geschickt werden. Die geeignetsten „Exemplare" werden dann ausgewählt, per Auftrag entführt und in Bordellen versklavt.

Doch auch der Privatkunde kann auf ein grauenhaft reichhaltiges Angebot zurückgreifen. Der deutsche Journalist Detlef Drewes hat in einem Aufsatz zum Thema „Sextourismus, Kinderprostitution und Kinderpornografie im Internet" die Sachlage recherchiert.

In nur drei Stunden Surfen im Datennetz wurden ihm drei Kinder zum Telefonsex angeboten, von denen zwei Mädchen auch bereit waren, ihn persönlich zu treffen, eine Elfjährige wurde ganz ungeniert von ihrer vierundzwanzigjährigen „Freundin" vermarktet. Zusätzlich wurden ihm dreimal kinderpornografische Videos angeboten und 15 Kontakte, um Kinderpornos und Hardcorematerial zu tauschen. Ein anonymer Teilnehmer machte ihm gar „das Angebot, seine elfjährige Tochter ein Wochenende lang zu harten Sado-Maso-Spielen zu missbrauchen. Er könne mir darüber hinaus minderjährige Buben aus Polen zum Kaufpreis von 5000 Mark je Stück beschaffen. Der Dialog zieht sich über mehrere Tage hin. In deren Verlauf wird mir angeboten, bei einem Problem mit den Buben auch die Entsorgung der toten Körper zu übernehmen".

Tote Körper. Auch das ist grauenhafte Realität: „Es gibt bei diesen Delikten sehr häufig ein Steigerungsbedürfnis, ein Bedürfnis, die Grenzen auszureizen", weiß Prof. Max Friedrich. „Sowohl die Abstände zwischen den Taten werden immer kürzer wie auch die Akte selbst immer brutaler."

Dem tragen auch die Internetangebote Rechnung. Wer weiß, wo er in den Datennetzen suchen muss, kann Fotos mit Fäkalpornografie, Geschlechtsverkehr mit Leichen, gefolterte und verstümmelte Kinder, Vergewaltigung von Säuglingen und sadistische Morde an Kindern finden. Und viele dieser Darstellungen sind echt! Und eigens zur Vermarktung hergestellt! Das heißt im Klartext: Kinder und Frauen werden vor laufender Kamera gefoltert, verstümmelt und ermordet, um möglichst hohe finanzielle Gewinne abzuwerfen. „Die große Gefahr beim Internet aber sind auch virtuelle Darstellungen von ganz unerhörter Grausamkeit und Perversität", warnt Prof. Friedrich. „Vor allem weil die Darstellungen derartig realistisch sind, dass man kaum noch erkennen kann, ob es sich bei dem oft unvorstellbar, mitunter zu Tode gepeinigten Kind nur um ein virtuelles Fantasieprodukt handelt oder um ein wirklich gemartertes Opfer."

Solche extremen Pornografien setzen in jedem Fall die Hemmschwelle des pädosexuellen Betrachters herab, auch seine realen Praktiken werden immer sadistischer und perverser. Und auch das Bedürfnis, die Schändung gleichsam zu verdoppeln, indem der Täter sie für immer festhält, wird durch die vermehrte Existenz solcher Filme gesteigert.

Bis weit ins Erwachsenenalter, ja meist ein Leben lang werden die Missbrauchsopfer von der Vorstellung gequält, dass sie immer noch in Pornos und auf Fotos von anonymen Männern geschändet werden.

„Die Kinder fühlen sich durch solche Filme noch einmal mehr entwertet", sagt Ursula Kiba, Mitarbeiterin der Beratungsstelle für sexuell missbrauchte Mädchen und junge Frauen in Wien. „Sie werden nicht nur in ihrem Schamgefühl zutiefst verletzt, was ohnehin schon einen gewaltsamen Einbruch in die Integrität des Kindes bedeutet. Aber dass diese Filme dann auch noch Profit bringend von dem Kinderschänder selbst verkauft werden, und ohne dass das Kind davon nur irgendeinen Gewinn hätte, gibt dem Opfer ein zusätzliches Gefühl vollkommener Wertlosigkeit."

Kinderporno-Tauschringe

„Bis vor kurzem war es noch undenkbar für die meisten Pädophilen, frei über ihre Neigungen zu sprechen, jetzt, durch das Internet, haben solche Leute erstmalig ein Forum, auf dem sie relativ anonym und angstfrei über ihre Vorlieben und Perversionen reden können", charakterisiert der österreichische Internet-Spezialist und Aufdeckungsjournalist Gerhard Kahofer die Situation. „Jeden Tag treffen sich mindestens 120 Leute im ‚Undernet‘, dem einzigen großen Chat-Bereich, in dem Pädophilie noch nicht unterdrückt wird, und eindeutig nur, um sich über ihre kindesmissbraucherischen Vorlieben auszutauschen. Bisher noch völlig ungeschoren von Interpol oder dem FBI."

Gerhard Kahofer hat seit Mitte 1996 die Pädoszene im Internet beobachtet und sich von Anbeginn an um eine enge Zusammenarbeit mit Gerichten, Polizei und vor allem mit der Interpol bemüht. So konnte im August 1998 ein ganzer Kinderporno-Tauschring hochgenommen werden. (Wenngleich dem Journalisten dadurch die große Story durch die Lappen ging, da er ja wie alle anderen Journalisten erst im Nachhinein berichten konnte.) In 21 Ländern fanden Anfang September 1998 gleichzeitig 100 Verhaftungen statt. Kindesmissbrauch im Zusammenhang mit Sextourismus spielte dabei eine nicht unwesentliche Rolle.

Kahofer berichtet von vielen Fotoserien im Internet, in denen ein Weißer asiatische Kinder sexuell missbraucht. „Es gibt sehr viele, vor allem private Tourismusfotos im Internet, die eindeutig mit Selbstauslöser aufgenommen worden sind. Da fahren die Leute nach Thailand, auf die Philippinen oder inzwischen auch immer häufiger in die ehemaligen Ostblockländer eigens um dort Kinder zu missbrauchen und davon Fotos zu machen. Über einen japanischen Sexserver zum Beispiel kann man eine Serie von über 500 Fotos bekommen, auf denen ein Weißer mit wegretuschiertem Gesicht, aber eindeutig immer derselbe und immer im selben Hotelzimmer, über *achtzig* verschiedene kleine asiatische Mädchen sexuell missbraucht! Es gibt auch indische Serien, immer häufiger auch Fotos aus Prag, wo zurzeit die Kinderpornografie besonders boomt. Die meisten Serien bestehen aus 20 bis 30 Fotos von kleinen Mädchen im Hotel oder auf dem Feld, aufgenommen mit Digitalkamera, oft per Selbstauslöser. Viele sind Posingfotos von Mädchen, die ihre Genitalien zeigen, während ein Mann an ihnen herumfingert."

Die meisten Opfer sind Mädchen, zwischen acht und elf Jahre alt; homosexuelle Päderasten sind nach Kahofer im Internet eher die Minderheit, knapp 30 Prozent. „Darstellungen von Geschlechts- sowie auch Analverkehr ist eher selten, bei kleinen Achtjährigen ist das ja auch kaum möglich. Sehr wohl aber gibt es Oralverkehr, passiv wie aktiv, auch in den Internetgesprächen schwärmen viele davon, wie sie mit ihrem derzeitigen Lieblingsmädchen bis zur Besinnungslosigkeit Cunnilingus machen."

Ein norwegischer Matrose allerdings, der inzwischen unter anderem auch auf Kahofers Betreiben verhaftet worden ist, protzte in den Internetgesprächen nicht nur damit, 65.000, meist *selbstgemachte* Kinderpornofotos zu besitzen, sondern auch rund 100 Kinder selbst missbraucht zu haben, Geschlechtsverkehr inbegriffen. Kahofer hat einige dieser Internetgespräche aufgezeichnet, aus denen der absolut entpersonalisierte Objektcharakter der kindlichen Opfer deutlich hervorgeht. Eines der Mädchen etwa wird von dem Matrosen mit dem Decknamen „Jeltsin" als „Sashinka, acht Jahre alte Pussi" vorgestellt, die „mit Onkel Jeltsin spielte, lutschend, als wenn sie nie etwas anderes getan hätte". Dann lädt „Jeltsin" seinen Gesprächspartner „als wahrer Freund seiner Pädogenossen" auch persönlich nach St. Petersburg ein, wo er zwei Wohnungen habe „und genug Kleine" und fügt in zynischer Romantik hinzu: „Ich werde dort im Frühling sein, wenn alle kleinen

Blümchen blühen." Er sei schon beinahe 50-mal zu Miss-brauchszwecken in Russland gewesen und könne absolute Sicherheit versprechen. Und spottbillig sei die kindliche Ware, Straßenkinder kosteten fast nichts, andere zwischen 100 und 200 Dollar.

Mit einer erneuten herzlichen Einladung und einer dickgedruckten Liebeserklärung an seine „acht Jahre alte russische Schönheit" verabschiedet sich Jeltsin für diesmal, er müsse zu Bett.

„Er ist einer der wenigen, die auch verheiratet sind", trägt Kahofer weitere Informationen zu „Jeltsin" nach, „seine Frau war sogar irgendwie mitbeteiligt, in jedem Fall hat sie mit versteckter Kamera auch Aufnahmen gemacht. Die meisten Mädchen holte sich der Mann in St. Peters-burg, dort gibt es buchstäblich um ein Butterbrot Kinder zu kaufen. Oft hat die Frau die Kinder auch nach Norwe-gen eingeladen und dort im Bad und so gefilmt."

Die Arbeit der Aufdecker

Zum Missbrauch abgerichtete Kinder, Kinder, die selbst noch beim – zumindest die ersten Male sicherlich sehr schmerzhaften – Geschlechtsverkehr krampfhaft in die Kamera lächeln: „Das ist das Schlimmste, die Augen der Kinder. Wenn man da hineinschaut – da packt einen im wahrsten Sinne des Wortes das nackte Elend. Es gibt ja bei dieser Aufdeckungsarbeit einen seltsamen Effekt", wun-dert sich der junge Journalist Kahofer über sich selber, „anfangs ist man entsetzt über jede einzelne Darstellung, auch wenn es sich ‚nur' um Posingfotos handelt. Ich will selbst einmal Kinder haben, allein schon die Möglichkeit, dass ein Mann meine Kinder geil anschauen, geschweige denn missbrauchen können *wollte,* macht mich rasend vor Wut.

Mit der Zeit aber sieht man zwar noch die Geschehnisse, aber man sieht sie irgendwie auch nicht. Dass Kinder zur Schau gestellt, prostituiert und wie Gegenstände gebraucht werden, erscheint nach einer gewissen Zeit fast schon normal. Um in dieser Szene überhaupt ernst genommen zu werden, also überhaupt irgendetwas aufdecken zu können, muss man ja mindestens zwischen 20.000 und 40.000 (!) Fotos tauschen können. Ab 10.000 erst wurde man überhaupt in den Wonderland-Club, einen der größten Tauschringe, der eben jetzt hochgegangen ist, aufgenommen. Da will man als ein Nicht-Pädophiler nicht so genau hinschauen müssen, das Elend verfolgt einen ja sonst." Besondere Probleme hatte der Aufdecker mit den Sexwitzen, die in diesen Kreisen gerissen werden. Scherze wie: „Warum denn gleich töten, es wollen ja auch andere noch drüber", konnte er nur in angetrunkenem Zustand ertragen.

Obwohl er einräumt, dass offene Gewalttätigkeit wie Fesseln und Schlagen bei den meisten Missbrauchern der Internetszene eher verpönt ist und nur sehr am Rande in eigenen Chatkanälen diskutiert wird. „Die wirklich harten Sachen, wie auch Tötungen und so, habe ich nie gesehen. Die meisten wollen nur Bilder und fühlen sich damit auch ziemlich sicher."

Doch auch „harmlosere" Varianten des Missbrauchs, im Gerichtsdeutsch bis vor kurzem nur als „Unzucht" tituliert, wie Zurschaustellung und genitale Berührungen von Kindern, stellen immer eine seelische Vergewaltigung dar, dessen ist sich auch Kahofer, besonders wegen der Haltung der Täter, ganz sicher. „Dass Sexualität mit Kindern immer Machtmissbrauch und damit einen gewaltsamen Eingriff in die Seele des Kindes bedeutet, wollen diese Leute überhaupt nicht registrieren. Denn das Kind wird absolut nicht wahrgenommen, für diese Männer zählt es nur als Objekt."

Besonders menschenverachtend wirken die von Kahofer mitgeschnittenen Gespräche des inzwischen hochgegangenen pädosexuellen Hauptserver-Kanals „Wonderland". Ein besonders scheußliches Beispiel: wie hier gleich mehrere Kinderschänder mit Rat und Tat und großem Beifall die tatsächliche Verführung der 12-jährigen Stieftochter eines Pädosexuellen von Tag zu Tag mitverfolgten.

Anfangs hatte der Mann, der offenbar die Mutter des Kindes eigens nur zu Missbrauchszwecken ihrer Tochter geheiratet hat, das Mädchen und ihre gleichaltrige Freundin mit Bier und Schlafmitteln betäubt, um dann beide in ihrer Ohnmacht visuell und oral zu missbrauchen, was er seinen gierigen Zuhörern im Internet bis ins Detail beschreibt. Auf Anraten seiner Schänder-Kollegen versucht er es schließlich auch bei vollem Bewusstsein des Kindes, um nachts dann den Internetvoyeuren von seinen Fortschritten zu berichten. „Slowly, slowly", wird ihm wiederholt empfohlen, auch um seinen potentiellen Orgasmus zu steigern. Für diese guten Ratschläge schildert er dann den Gaffern Aussehen, Größe und Beschaffenheit der Geschlechtsteile des ihm anvertrauten Kindes. Als die Gespräche abreißen, ist er immerhin schon so weit mit der Kleinen gelangt, dass sie mit seinem erigierten Penis spielt.

Allerdings haben Täter, die ihre eigenen Kinder missbrauchen und sie, wie auch sich selbst, dabei fotografieren (eine sehr verbreitete, den exhibitionistischen Reiz steigernde Praktik unter Pädosexuellen) offenbar eher ein Bewusstsein ihrer Schuld. In jedem Fall sind sie vorsichtiger und tauschen solche Fotos hauptsächlich nur untereinander aus. Dass sie bestraft werden, ist allerdings immer noch sehr selten. „Ich habe zwar einmal einen italienischen Missbraucher der Polizei seines Heimatlandes gemeldet, aber wirklich geschehen ist nichts", sagt Kahofer.

Es ist erschreckend leicht, im Internet an Kinderpornos heranzukommen. Kahofer selbst hatte Anfang 1997 sein erstes einschlägiges Foto mehr zufällig vor Augen. Beim Surfen durch das Net stieß er auf das Stichwort preteensex, wurde neugierig und innerhalb von fünf Minuten hatte er ein Kinderpornobild auf seinem Bildschirm. Noch am selben Abend wollte er eine Story darüber machen, druckte auch gleich die schlimmsten Fotos für den Staatsanwalt aus, doch für eine Anzeige gab es damals laut Gericht keine rechtliche Handhabe.

Inzwischen aber ist nicht nur die Öffentlichkeit auf das Problem aufmerksam geworden – nicht zuletzt wegen der rastlosen Bemühungen von Menschen wie Gerhard Kahofer –, sondern auch die technische Entwicklung lässt es zu, dass die Identität der User festgestellt werden kann, wenn auch immer noch oft mit erheblicher Zeitverzögerung. „In ‚meinem' Pädo-Club waren wirkliche Internetprofis, die ihre Identität sehr gut verschleiern konnten. Als ein amerikanisches Mitglied wegen jahrelangen Missbrauchs seiner eigenen Tochter hochging, nicht durch das Internet, sondern weil er auch deren Freundin anmachen wollte, brauchte die Polizei immerhin drei Monate, bis sie alle Verschlüsselungen geknackt hatte und dann endlich zuschlagen konnte."

Wobei dieses „Zuschlagen", obwohl doch von ihm selbst langfristig aktiv mit vorbereitet, auch sehr zwiespältige Gefühle in dem jungen Journalisten auslöst. „Letzte Woche hat einer der Angezeigten, ein Deutscher, der in den USA lebt, kurz vor der Vernehmung Selbstmord begangen." Ratloses Schweigen. Die Täter als Opfer der eigenen, unabänderlichen Veranlagung?

„Ich habe bei aller notwendigen Vorsicht schon auch versucht, die Motive der Leute zu recherchieren. Ein einziger hat sich als Gelegenheitstäter zu erkennen gegeben, ein Salzburger, der anfangs nur neugierig war und dann hängen geblieben ist. Alle anderen aber sagten, sie seien schon immer so gewesen, pädophil, seit sie überhaupt sexuelle Regungen hatten. Auch wenn ich manchmal versucht habe, ihr Verhalten moralisch in Frage zu stellen, die glauben ganz ernsthaft oder wollen es glauben, dass die Kinder auch von sich aus den Missbrauch anstreben. Obwohl keiner von ihnen zugegeben hat, dass er selbst in seiner Kindheit missbraucht worden ist. Aber das wäre ja vielleicht trotz aller Natürlichkeitsideologie zu erniedrigend."

Kahofer hat sich im Zuge seiner Recherchen auch einmal mit einem dieser Kinderpornobesitzer persönlich getroffen, einem Deutschen, der in der EDV-Abteilung eines großen Hotels tätig war. „Kopf eines ganzen Tauschrings, aber ein schrecklich unsicherer Typ, eine ganz arme, kaputte Gestalt. Sein Zimmer war trostlos, Computer, Videogerät, ein Stapel Kinderpornos neben dem Bett, sonst nichts. Das sind ganz armselige Typen, kontaktscheu und voller Komplexe."

Die Internet-Polizei

Ähnlich sehen auch die beiden österreichischen Internetpolizisten Stefan M. und Franz H. diesen Tätertypus. „Schon aktive Kinderschänder sind in den allermeisten

Fällen beziehungsgestört und haben kaum ein soziales Umfeld", berichtet Bezirksinspektor M. aus der fahnderischen Praxis. „Das Internet aber kommt dem natürlich entgegen und verstärkt erst recht noch die Beziehungslosigkeit."

Die Beamten berichten von einem typischen Fall, einem sechzehnjährigen Burschen aus wohlhabendem Haus, der völlig vereinsamt seine Tage und Nächte nur vor dem PC verbrachte. Oberinspektor H.: „Ich habe sonst ja kein Mitleid mit diesen Tätern, aber dieser Bursche, das war ein ganz armer Kerl. Körperlich derartig grauslich, groß, furchtbares Übergewicht, obwohl er erst sechzehn war, sah er aus wie Ende zwanzig." Geschnappt wurde er nicht durch das Internet, sondern durch pornografische Fotos, die er von seinem kleinen Cousin gemacht hatte, während unten in dem großen Haus seiner Eltern die Erwachsenen saßen.

Direkt übers Internet haben die beiden Beamten kaum Möglichkeiten, eventuelle Täter dingfest zu machen. „Jeder kann ja Kinderpornos auf seiner Festplatte haben, Sie brauchen sich nur einmal aus Neugierde in die entsprechenden Chat-Kanäle einzuklicken und schon sind Sie Verdächtiger," gibt Franz H. achselzuckend zu Protokoll. „Und wir müssen Ihnen selbstverständlich die Entschuldigung glauben. Das heißt aber, auch jeder ‚echte' Täter kann sich auf bloße Neugierde ausreden. Erst recht jetzt, wo das Thema von den Medien ausgewalzt wird. Früher, da waren die Pädophilen ein kleiner, nur in schamhafter Verborgenheit tätiger Kreis, zu dem man nur unter großen Schwierigkeiten Zugang fand. Heute kann man in jeder Zeitung lesen, was man im Internet alles bekommen kann. Da gibt es viele, die einfach nur einmal schauen wollen, was an den zahllosen Berichten überhaupt dran ist. Wenn jeder gleich ein Verdächtiger wäre, hätten wir viel zu tun. Da haben wir kaum eine Handhabe."

Doch verdeckt fahnden, d. h. sich zu Aufdeckungszwecken selbst als Pädophiler ausgeben wie etwa Cyber-Angels – wie die privaten Internet-Ermittler auch genannt werden – vom Schlage eines Kahofer es tun, dürfen österreichische Cyber-Cops bisher nicht. Überhaupt sind die gesetzlichen Grenzen eng gesteckt. Zu eng, finden die berufsmäßig fast ausschließlich mit pornografischen Darstellungen beschäftigten Beamten. Denn Zeichnungen und virtuelle Darstellungen, egal wie realistisch, brutal und menschenverachtend sie sein mögen, fallen nicht unter das Pornografiegesetz. Vor allem japanische Sexcomics, in denen bevorzugt kindliche Mädchen dargestellt werden, sind von ganz unerhörter Brutalität. „Da wimmelt es nur so von Mord und Totschlag, das ist Unterdrückung in Reinkultur, nackte, frauenverachtende Gewalt. Die Mädels werden verschnürt, von Würmern begattet, in die Brustwarzen gezwickt und ermordet; und so etwas können Sie in jedem größeren Comicshop kaufen. Das gilt einfach als Fantasy und ist somit vom Pornogesetz ausgeschlossen. Nur dass solche Darstellungen auch tatsächlich die Fantasie beflügeln, wie man es dann auch in den News-Groups für Pädophile sehen kann."

Und nicht nur virtuell, auch in der Wirklichkeit. Die Beamten berichten von einem Fall, der genau mit diesen japanischen Kinderpornocomics begonnen hatte.

Ein Paar hatte wiederholt miteinander solche Zeichnungen zur Stimulation verwendet. Gewaltpornografische Darstellungen, in denen ein kleines Elfenmädchen von Würmern und Käfern gequält und gewaltsam zum Beischlaf gezwungen wird, Sparte: „harmlose" Fantasy-Bilder.

„Bei der Einvernahme erzählte auch die Frau ganz begeistert, wie toll und erregend sie diese Comics gefunden hätten." Bis dann der Mann, wie beide Ehepartner behaupteten, diesmal im Alleingang, sich auch reale Kinderpornos besorgte. Per Internet.

Seine Entschuldigung: Er habe, angeregt von den Zeichnungen, jetzt auch einmal etwas „Wirkliches" anschauen und ausprobieren wollen.

In Österreich saß vor kurzem noch der slowakische Zuhälter Jiři K. ein, ein ehemaliger Fremdenlegionär, angeklagt wegen Kinder- und Menschenhandels, aufgeflogen durch eine Reportage der Zeitschrift „News". Allerdings musste er bald darauf schon wieder freigelassen werden. Die bei ihm aufgefundenen Nacktfotos kindlicher Mädchen waren zwar eindeutig in sexualisierender Weise aufgenommen, gelten vor dem Gesetz aber dennoch als „Kunstfotos".

„Auch wenn die Zwecke noch so eindeutig sind, wir können Kindernacktfotos trotzdem nicht verbieten", sagt Oberinspektor H. „Da wären ja alle Eltern strafbar, die ihr Kind in der Badewanne knipsen." Und auch (fast) alle Zeitungen? Denn die im Zusammenhang mit dem Fall Jiři K. abgedruckten Fotos der blutjungen Opfer prostituierten die Mädchen noch einmal, indem sie der Schaulust sämtlicher Leser preisgegeben waren.

Dass die Befriedigung dieser Schaulust auch hier wieder ein gefährliches Stimulans zum tatsächlichen Missbrauch darstellt, davon sind Sexualtherapeuten und auch Prof. Max Friedrich zweifelsfrei überzeugt. „Gerade diese öffentliche Zurschaustellung kindlicher Opfer sowie der reißerisch mit der Lüsternheit ihrer Leser spielende Ton dieser Berichterstattungen inspiriert viele bisher vielleicht noch latente Täter zum Ausprobieren. Dass es möglich ist, dass andere Männer gleichfalls ihre Hemmungen über Bord geworfen haben, animiert manchen, der sich bisher noch nicht getraut hat."

Dazu kommen häufig noch detaillierte Ortsangaben sowie „Bezugsquellennachweise", in welchen Zeitungen, unter welchen wie verschlüsselten Texten man Kinder angeboten bekommt.

Die zwei sehr differenziert denkenden Beamten sehen in der Neigung, ja beinahe Pflicht unserer Gesellschaft, hemmungslos alles auszuprobieren, eine der Wurzeln für die Zunahme aller nur möglichen sexuellen Perversionen. „Jeder soll sich selbst verwirklichen, tun, was er will", reflektiert H. die gesellschaftlichen Hintergründe der Situation, und M. ergänzt, „nimm, was dir gefällt, das ist die Maxime des Zeitgeistes. Dazu kommen dann die Probleme der Leistungsgesellschaft, jeder muss gut schnackseln können, die Frauen zufrieden stellen, und von jeder Plakatwand lachen immer jüngere Mädels in immer verführerischeren Posen." Achselzucken. Kein Wunder, dass manchem Mann nur noch Kinder gefallen und gut tun?

Die beiden Beamten zweifeln immer häufiger am Sinn ihres Tuns. „Einerseits sollen wir die armen Kinder schützen, andererseits ist normaler Sex völlig out", gibt M. zu Protokoll und H. bestätigt ihn: „Vielleicht sind wir ja überhaupt reaktionär und ein Mann wie Otto Mühl mit seinen Theorien vom natürlichen Kindesmissbrauch wird Recht behalten?"

Was aber ist für das Kulturwesen Mensch überhaupt natürlich? Kürzlich erhielten die Beamten eine Anzeige aus dem – zumindest räumlichen – Umfeld des Altkommunarden Mühl. Ein Fall, der die Polizisten einmal mehr zum Nachdenken brachte. Ein hoher burgenländischer Beamter hatte auf Geheiß seiner Frau einen Film zum

Entwickeln ins Fotolabor gebracht. Einen Film, der die Laborantin sofort zum Telefonhörer greifen ließ, um Anzeige zu erstatten. Auf den Fotos waren Kinder abgebildet, nackt, in den wildesten Stellungen. Eindeutig Pornofotos. Doch Pornofotos, auf denen kein Erwachsener zu sehen war. Weil, wie sich dann bei den Vernehmungen einwandfrei herausstellte, gar kein Erwachsener beim Fotografieren dabei gewesen war. Den beiden Kindern war nur die Kamera überlassen worden mit der Erlaubnis, damit nach Herzenslust zu fotografieren. Und Posingbilder der krassesten Art waren dabei herausgekommen. Ganz so wie es die Kinder bei ihren überaus liberalen Eltern hatten mitansehen (vielleicht ja auch irgendwie miterleben?) „dürfen". Und ob das nun „normal" oder was überhaupt „normal" sei – die beiden beruflich ausschließlich mit den verschiedensten Spielarten menschlicher Sexualität beschäftigten Männer wollen diese Frage nicht endgültig und allgemein beantworten.

„In Deutschland gibt es diese Internat- und Pfadfinder-Videos von Sebastian Bleisch. Unter dem Motto ‚Wir entdecken unseren Körper' treiben es Jugendliche auf alle nur möglichen Weisen miteinander. Wohl werden sie dabei angeleitet von Erwachsenen, aber in den Filmen sind sie unter sich, alle über vierzehn, also außerhalb der Altersgrenze, und damit sind diese Pornos legal."

Was für psychische Auswirkungen solche Darstellungen auf die Jugendlichen selber haben, wagen die Beamten nicht abzuschätzen. „Eine Vierzehnjährige mag körperlich schon sehr fraulich sein", gibt Oberinspektor H., der selber Kinder hat, zu bedenken, „seelisch aber ist sie doch in den allermeisten Fällen noch ein Kind."

Doch fürchten die überaus reflektierten, sehr verantwortungsbewussten Männer beide, dass das Schutzalter mit weiter zunehmender Liberalisierung der Gesellschaft noch tiefer sinkt.

Die Gesetzgebung

Gerade im Zusammenhang mit Kinderpornografie im Internet stellt das weltweit sehr divergierende Schutzalter von Kindern sowie die unterschiedliche Pornografie-Gesetzgebung ein immenses Problem für die Strafverfolgung dar.

Zwischen zwölf Jahren (z. B. Niederlande und Spanien) und siebzehn (Irland) pendelt die Schutzaltergrenze. In Holland darf ein Erwachsener ein Kind ab zwölf Jahren, gleich ob männlich oder weiblich, ob für hetero-, lesbische oder homosexuelle Zwecke missbrauchen, in Deutschland und Österreich gelten Vierzehnjährige (in heterosexuellen Beziehungen) als sexuell mündige Personen, in Belgien, Norwegen und der Schweiz wird man erst mit sechzehn für sexuell erwachsen angesehen.

Die Pornografie-Gesetzgebung ist noch einmal anders. Ab vierzehn dürfen in Österreich Mädchen legal für pornografische Darstellungen mit Erwachsenen missbraucht, Jungen in homosexuellen Kontakten aber erst ab achtzehn gezeigt werden. In Deutschland kann man sich legal an zur Schau gestellten Paarungen von Erwachsenen mit Sechzehnjährigen aufgeilen, in Dänemark nur mit Achtzehnjährigen. Auch die Holländer erlauben pornografische Darstellungen erst mit Sechzehnjährigen, die Serben und Slowenen schon mit Vierzehnjährigen …

Und wenn man dann noch die Gesetze hinsichtlich Produktion und Besitz von Kinderpornos durchforscht, entsteht erst recht ein heilloses Durcheinander. Ein

Durcheinander, das gerade die Internet-Pädosexuellen begünstigt. Wer sich im eigenen Land als Besitzer von Kinderpornos strafbar machen würde, kann seinen Server einfach an einen spanischen Provider anschließen, wo der Besitz von Sexdarstellungen mit Kindern (bisher) erlaubt ist, und schon ist sein Missbrauch legalisiert.

In Japan ist jede noch so brutale Sexszene mit Kindern erlaubt, wenn dabei die Genitalien maskiert werden, wobei allerdings jeder nur einigermaßen geübte Internet-User die Maske problemlos entfernen kann.

Erotisierende Nacktfotos aber, die jeder Nicht-Pädosexuelle selbstverständlich als Missbrauch eines Kindes einstuft, sind durchaus legal. „Die meisten User haben gar keine Ahnung, was illegal ist und was nicht. Oft bekommen wir Anzeigen, die gesetzlich legales Material betreffen, auch wenn die Abbildungen durchaus stimulierend wirken können. Dadurch haben wir natürlich immens mehr Arbeit."

Das schafft zusätzliche Probleme, auch weil bisher viel zu wenige Beamte mit der Internetfahndung betraut sind. Zudem sind die meisten Pädosexuellen nachts unterwegs, zu Zeiten also, in denen das Surfen den Beamten nicht als Arbeitszeit angerechnet wird. Dennoch hat z. B. die Abteilung von Mag. Rudolf Gross von der Interpol Austria Erfolge zu verzeichnen. Vom 1. 1. 98 bis 27. 8. 98 hat sein Referat insgesamt 250 E-Mail-Anzeigen bekommen, davon waren 121, immerhin fast die Hälfte, polizeilich verwertbar. Allerdings liegen die meisten Angebote von kinderpornografischem Material auf ausländischen Servern; die Österreicher geben dann die entsprechenden Hinweise an zuständige Kollegen weiter.

Bisher existiert auch keinerlei gesetzliche Regelung über das zulässige oder verbotene Verhalten der Provider. Die

Vereinigung der Provider selbst, die ISPA, arbeitet gerade einen Verhaltenskodex für ihre Mitglieder aus, bisher aber kann jeder nur einigermaßen geübte User einfach einen anderen Provider wählen, wenn auf seinem eine kinderpornografische Newsgruppe geschlossen wurde.

Auch wenn sowohl in Deutschland wie in Österreich Prozesse gegen Provider angestrengt worden sind (die den Firmen jeweils enormen geschäftlichen Schaden gebracht haben), alle Kenner der Internet-Szene sind sich einig: Bisher ist es für die Provider fast unmöglich, die unendlich vielen Newsgroups zielführend zu kontrollieren. „Prinzipiell sind die Provider sehr kooperativ, niemand will die Kinderpornoszene bei sich, aber was nützt es viel, Newsgroups zu löschen, wenn jeder User sofort eine andere aufmachen kann. Zudem sind Pornos zurzeit noch das einzige wirkliche Geschäft im Internet, die meisten Kunden wollen Pornos und die sind nun einmal für die Provider sehr schwer von Kinderpornos zu trennen", gibt auch Mag. Gross zu bedenken.

Verdeckte Ermittlungen der Polizei sind in vielen Ländern bisher verboten. „In Österreich fällt verdecktes Ermitteln bisher unter die Anstiftung zu Straftaten und ist deshalb der Polizei nicht erlaubt", bedauert Mag. Gross, als Leiter der Abteilung für kriminalpolizeiliche Ermittlungen der Interpol Austria zuständig für das Internet. „Doch gibt es auch bei uns starke Bestrebungen, wie unsere amerikanischen Kollegen verdeckt fahnden zu können, denn ohne das kommen wir nicht weit." Auch er klagt über die Verschiedenheit der gesetzlichen Regelungen. „Für uns wäre es wichtig, dass in allen Ländern, so wie bei uns, auch der Besitz kinderpornografischen Materials strafbar wäre. Denn nur dann, wenn es überall verboten ist, ein Kinderporno auf der Festplatte zu haben, sind die Kinder geschützt. Die Verbreitung muss von der Basis her unmöglich gemacht werden. Der Handel ist ja erst die zweite Stufe. Im Augenblick wird das Angebot unter Stichwörtern wie Schoolgirls zunehmend riesiger, wobei immer mehr japanische Sachen auf den Markt drängen."

Die Notwendigkeit effektiver Fahndung

Anfang Oktober 1998 hat deshalb in München die internationale Polizeiorganisation Interpol beschlossen, eine Weltregierungskonferenz zum Kampf gegen Kinderpornografie im Internet einzuberufen. Raymond Kendall, Interpol-Generalsekretär, erklärte: „Im Kampf gegen Kinderpornos im Internet arbeiten wir derzeit in einem rechtlichen Niemandsland; damit wir überhaupt effektiv fahnden können, fordern wir als Allererstes einmal eine internationale Angleichung der Rechtslage."

Auch Jürgen Storbeck, Leiter der Polizeiabteilung im deutschen Bundesinnenministerium, verlangt unbedingt eine Klärung der Zuständigkeiten und die Angleichung der Rechtslage. „In einigen Ländern ist nicht einmal die Verbreitung von Kinderpornografie strafbar, sodass eine Zusammenarbeit mit diesen Staaten bisher kaum möglich ist. Auch die deutsche Strafprozessordnung, die ja aus dem vorigen Jahrhundert stammt, eignet sich nicht für die Bekämpfung von Internet-Kriminalität."

Doch es gibt auch Erfolgsmeldungen. Vor allem Bayern, eine der Hochburgen deutscher Technologie, hat eine Vorreiterfunktion im Hinblick auf Internetfahndungen. „Bayern ist bisher das einzige deutsche Bundesland, das auch verdachtsunabhängige Recherchen im Internet durchführt", betont der bayrische Innenstaatssekretär Hermann Regensburger. „Diese virtuellen Streifenfahrten haben im vergangenen Jahr immerhin zu 759 Strafanzeigen geführt."

Aufgrund dieser Erfolgsstatistik hat Bayern sich bereit erklärt, bis zur offiziellen Schaffung einer bundesweiten zentralen Internet-Fahndungsstelle diese Funktion wahrzunehmen. Heinz Fiel, Leiter des Sachgebietes Fahndung und eines Beamtenteams, das auf den Problembereich Kindesmissbrauch im Internet spezialisiert ist, schildert diese virtuellen Streifenfahrten: „Agent provocateur, wie die Cyber-Angels, spielen allerdings auch wir nicht. Das heißt, inkriminierte Bilder werden von uns nicht übersendet. Aber im Gegensatz zu unseren österreichischen Kollegen fahnden wir durchaus verdeckt, geben uns also je nach Anlass entweder als Kind oder als Pädosexueller aus, um auf diese Weise an Missbraucher heranzukommen."

Wie sehr solche verdeckten Fahndungen immer notwendiger werden, zeigen auch die sich häufenden Anzeigen von im Internet sexuell belästigten Kindern. Nicht wenige Pädophile nutzen die Anonymität des Datenhighways, um sich Kindern virtuell zu nähern und sie dann wo möglich auch real zu verführen. Weshalb der österreichische Internetspezialist Bezirksinspektor Ludwig Mendel von der Interpol Austria allen Eltern dringend anrät, mit ihren Kindern immer wieder über deren Interneterfahrungen zu sprechen. „Das Internet ist sicher für viele sonst vielleicht passiv vor dem Fernseher hängende Kinder eine kreative Möglichkeit, Kontakte zu haben. Andererseits kann jeder, der will, sich tarnen, was ja auch einer der besonderen Reize des Internets darstellt. Die Eltern sollten sich also unbedingt immer wieder erzählen lassen, was ihre Kinder im Internet erleben. Denn leider verwenden immer mehr Pädosexuelle die Anonymität des Internets für ihre Zwecke."

Das ist eine nur zu notwendige Warnung. Das amerikanische FBI ermittelt inzwischen schon permanent verdeckt gegen solche Täter. Eigens im Kinder- und Jugendjargon geschulte Beamte klicken sich in die zahlreichen Kinder-Newsgroups ein, um, als Kind getarnt, eventuelle Missbraucher dingfest zu machen.

Die privaten Aufdecker

Immer häufiger fliegen Kinderpornografen, die ihre Ware per Internet an den Mann zu bringen versuchen, auf – wenn auch die Aufdeckung solcher Fälle bisher seltener der Polizei als privaten Internet-Ermittlern zu verdanken ist.

Der Pornoskandal von Zandvoort

Der wohl größte Pornoskandal der letzten Zeit ist der von Zandvoort, Holland. 90.000 Kinderpornofotos und -videos der grausamsten Art waren von dem Computer-Kaufmann Gerrit Ulrich per Internet angeboten worden. (Wobei der schwer krebskranke Pornohändler sich offenbar aus dem Pornogeschäft zurückziehen wollte und sich nach Italien absetzte, wo er inzwischen von seinem Mittäter Robby van der Plancken – in seiner Kindheit selbst einer von Ulrichs Strichjungen – aus bisher noch nicht geklärten Gründen erschossen worden ist.)

Sein „Material" aber ist grauenhaft. Fotos und Filme, auf und in denen Säuglinge missbraucht, Kleinkinder anal vergewaltigt und Zehnjährige gefesselt, geknebelt und geschändet werden.

Der Kinderpsychologe und Gerichtsgutachter Wim Wolters, der die Fotos und Videos als erster begutachtete, schätzt das Alter der jüngsten Opfer auf zehn bis zwölf Monate! Der Preis für ein solches Video: zwischen 2000 und 8500 DM.

Die Aufdeckung dieses Skandals ist vor allem der belgischen Bürgerinitiative „Werkgroep Morkhoven" und deren Kopf Marcel Vervloesem zu verdanken, die einem holländischen Fernsehsender Pornomaterial aus der Bezugsquelle Gerrit Ulrich übergeben hatten, um so Öffentlichkeit und Polizei zu nötigen, tatsächlich dem Fall nachzugehen.

Denn seit dem Skandal um den Kinderschänder und -mörder Marc Dutroux weiß inzwischen auch die Öffentlichkeit: Zumindest Belgiens Justiz arbeitet in Sachen Kindesmissbrauch erschreckend lax. Trotz wiederholter Hinweise aus der Bevölkerung und mehrerer Hausdurchsuchungen konnte Dutroux ungehindert vermutlich acht entführte Kinder töten und dutzende vergewaltigen, denn seine Mittäter und Kunden muss man in den höchsten Kreisen der belgischen Gesellschaft vermuten. Auch Dutroux' skandalöser Gefängnisausbruch im April 1998 war durch eine nur nachlässige Bewachung möglich.

Doch die niederländische Polizei hat offensichtlich kaum weniger Probleme damit, das Geschäft mit dem Kindesmissbrauch im eigenen Land wahrnehmen zu wollen. Obwohl schon Mitte Juni 1998 Ulrichs Verwandte die Polizei alarmierten und auch nach seinem Tod wiederholt darauf hingewiesen hatten, dass Ulrich mit verbotenem Pornomaterial gehandelt habe, bemerkten die Ordnungshüter bei drei Hausdurchsuchungen nichts Auffälliges. Erst das Eingreifen der privaten Pornojäger ließ auch die Staatsmacht endlich fündig werden. Wo vorher angeblich nichts Auffälliges zu bemerken gewesen war, wurden jetzt plötzlich Kisten voll von schlimmstem Horrormaterial sichergestellt.

Allerdings konnten bisher nur vereinzelte Täter dingfest

gemacht werden. „Wir wissen nicht einmal, wie alt die Pornos sind", gibt ein Polizeisprecher verzweifelt zu Protokoll.

Und trotz gut erkennbarer Fotos der zahlreichen Opfer ist bisher kein einziges Kind identifiziert, geschweige denn aus den Klauen der Sexhändler gerettet worden.

Der Bürgerrechtler Marcel Vervloesem hingegen, unter anderem auch ehemaliger Privatdetektiv, hat nicht nur den Pornoring von Zandvoort auffliegen lassen. Es ist ihm auch gelungen, bisher sechs zu Missbrauchszwecken verschleppte Kinder lebend wiederzufinden und mehrere besonders brutale Täter per Pornofoto zu identifizieren und bei den Behörden anzuzeigen.

Warum offizielle Fahndungen oft scheitern

Die Gründe für das wiederholte Scheitern offizieller Fahndungen sieht Vervloesem (wenn man einmal den Verdacht der Komplizenschaft beiseite lässt) vor allem in der lokalen Beschränkung der Ermittlungen. Ich hatte am 14. Oktober 1998 Gelegenheit zu einem ausführlichen Interview mit Marcel Vervloesem, aus dem ich im Folgenden zitiere: „Jede nationale Polizei behält Fotos und Adressenmaterial für sich, dadurch kann niemand kontrollieren, ob verschwundene Kinder nicht irgendwo in Pornofilmen, die in anderen Ländern verkauft werden, zu sehen sind. Wir haben die Erfahrung gemacht, dass man ein verschwundenes Kind nicht im eigenen Land findet, sondern dass es zur Prostitution in andere Länder verschleppt wird. Dort werden dann auch die Pornoaufnahmen gemacht, die wiederum in dritten Ländern verkauft werden. Man muss die Kinder im Ausland suchen, und mit Hilfe ausländischen Pornomaterials."

Die „Werkgroep Morkhoven" fordert deshalb ein internationales Team aus Bürgerinitiativen und einer aktiv arbeitenden Polizei, das in der Lage ist, die riesigen Porno-Datenbestände zu bearbeiten. Dieses Team, das nach Ansicht der Werkgroep unbedingt um Psychologen ergänzt werden müsste, die auch mit den Eltern der verschwundenen Kinder einfühlsam arbeiten können, sollte zu sofortigen und effizienten, internationalen Untersuchungen befähigt sein.

„Im Sommer haben wir das Material von Zandvoort zur belgischen Polizei geschickt", lacht der Kinderschützer bitter, „wissen Sie, was wir zur Antwort bekommen haben? Wir haben gerade Ferien, warten Sie bitte drei Wochen! Es ist eine Schande! Während die Gesetzesschützer Urlaub machen, werden Kinder gequält, die man vielleicht befreien könnte! Wegen dieser Zustände, und auch weil immer wieder Ermittlungen einfach versandet sind, gehen wir inzwischen statt zur Polizei gleich an die Öffentlichkeit."

Allerdings wurden durch die Veröffentlichung des Skandals von Zandvoort noch vor Eingreifen der Polizei die Internet-User gewarnt und hatten Belastungsmaterial gelöscht beziehungsweise beiseite geschafft. Kein Wunder, dass die Polizei auf Vervloesem nicht gerade gut zu sprechen ist?

Ist das Misstrauen gegenüber der Polizei gerechtfertigt?

Doch die Bürgerrechtler haben noch weit mehr Gründe, der Polizei zu misstrauen. „Seit 1992, seit ich als Kinderschützer tätig bin, bin ich 23-mal angeklagt worden und musste 23-mal freigesprochen werden!", empört sich Marcel Vervloesem. „Auch jetzt ist ein Verfahren gegen mich anhängig, weil ich Fotos von Missbrauchern veröffentlicht habe, um sie auszuforschen. Ich hätte die Intimsphäre der Täter nicht gewahrt! Als ob Männer, die sich filmen lassen, während sie kleine Kinder sexuell foltern, und die diese Filme dann als Pornos verkaufen oder in das Internet stellen, nicht selbst schon längst ihre Intimsphäre veröffentlicht hätten! Ein Mann, der ein fünfjähriges Mädchen fesselt und das weinende Kind mit Gegenständen missbraucht, *muss* entlarvt werden! Und ohne dass wir Fotos von Missbrauchern veröffentlicht hätten, wäre auch jener Vater aus Deutschland nicht verhaftet worden, der jahrelang seinen eigenen Sohn sexuell gefoltert hat!"

Weitaus gravierender noch sind allerdings die inzwischen publik gemachten Verdächtigungen, dass Vervloesem selbst seinen jüngeren Bruder sowie fünf von dessen Freunden missbraucht haben soll. Das ist ein Vorwurf, mit dem der Kinderschützer schon längst gerechnet hat. „Das weiß man doch spätestens seit dem Skandal Dutroux. Jeder, der hier in Belgien gegen Kindesmissbrauch auftritt, wird erst einmal öffentlich diffamiert. Weil so etwas wie Kinderschändung, erst recht aber ein Kinderpornoring, in Belgien nicht existieren darf! Und wer so etwas aufdecken will, muss ja ein Schuft sein. Die wahren Täter aber werden nicht verfolgt. Dabei sind es immer wieder dieselben Namen, die international von Madeira nach Holland über Prag nach Berlin, von Battava nach Belgien operieren. Mir aber wirft man vor, dass ich selbst Mitglied eines Kinderschändernetzwerkes bin und nur deshalb so viele Erfolge beim Wiederauffinden verschleppter Kinder hätte. Aber ich bin ja nicht der einzige, den man auf diese Weise diffamiert. Ein hiesiger Journalist, der ein Buch über Frauenhandel und Kinderpornografie geschrieben hat, wurde monatelang von der Polizei verdächtigt und der Lüge bezichtigt, denn es gebe weder Frauenhandel noch Kinderpornografie bei uns. Dem Journalisten wurde unterstellt, dass er mit diesen Behauptungen nur Publicity wollte, man hat einfach mit allen Mitteln versucht, ihn öffentlich unglaubwürdig zu machen."

Der kämpferische Mann konnte mit dem Fall Zandvoort jetzt endlich auch öffentliche Beweise für die jahrelang von Justiz und Polizei ignorierte Existenz eines weltweiten Kinderpornonetzwerkes vorlegen: „Wir haben jahrelang Polizei und Justiz über Kinderpornoringe informiert, die Antwort war immer dieselbe. Herr Vervloesem, Sie sind krank! Wir haben keine verschwundenen Kinder in Belgien, Sie bilden sich das alles nur ein. Der Grund für diese Blindheit ist ja klar, das Kinderpornonetzwerk liefert die Kinder an Leute, die von der Justiz gedeckt werden. Alle aber, die versuchen diese Zustände der Öffentlichkeit bekannt zu machen, werden pathologisiert oder kriminalisiert. Selbst die Eltern von entführten Kindern werden öffentlich in Misskredit gebracht. Vor kurzem noch sind zwei Kinder, Bruder und Schwester, verschwunden. Bis das Mädchen schließlich tot aufgefunden wurde, ist die völlig verzweifelte Mutter von den Behörden als Rabenmutter und mögliche Mittäterin hingestellt worden. Der Soziologe aber, der auf diese skandalösen Zustände hinweisen wollte, wurde seinerseits einfach angeklagt." Vervloesem zuckt die Achseln: „Dass ich jetzt selber als Kinderschänder verdächtigt werde, wundert mich gar nicht."

Nicht nur als Person wurde er diffamiert, auch in der

Arbeit wurde die Werkgroep immer wieder von den Behörden behindert. Neun Hausdurchsuchungen sind bei Vervloesem gemacht worden, neunmal ist das ganze Material, mit dem Kinderschänder und verschleppte Kinder ausgeforscht werden sollten, beschlagnahmt worden. Und kein einziger der von der Werkgroep ausgeforschten Täter wurde je dingfest gemacht.

Die Kinderschützer vermuten, dass die einschlägigen Bordelle und auch die Täter vor Hausdurchsuchungen von der Polizei selbst informiert werden, sodass gar nichts Verdächtiges gefunden werden kann.

„Aber mich haben sie 15 Tage lang eingesperrt", entrüstet sich der Bürgerrechtler, „und auch jetzt wieder, im Falle Zandvoort, war ich eine Nacht lang festgenommen."

Einmal soll er Pädophile erpresst haben, um gekidnappte Kinder zu befreien, dann wieder ist er angeklagt, Belastungsmaterial zu unterdrücken.

Und wie schon im Fall Dutroux drängt sich der Verdacht auf, dass zumindest finanzielle, wenn nicht gar sexuelle Interessen das Verhalten der belgischen Ordnungshüter bestimmen. Jedenfalls war schon gleich zu Beginn von Vervloesems Tätigkeit als Kinderschützer die Polizei zumindest indirekt in einen Skandal verwickelt gewesen.

Denn 1992 hatte der Mann, der sich selbst als „Aktivist" bezeichnet, aufgedeckt, dass psychisch kranke Jugendliche in einem belgischen Krankenhaus nicht nur unter menschenunwürdigen Bedingungen wochenlang in Isolierzellen gefangen gehalten, sondern dort auch von Ex-Polizisten wiederholt missbraucht und für Pornos benutzt worden waren.

Die Arbeit der „Werkgroep Morkhoven"

Mit diesem Skandal hatte die Arbeit der „Werkgroep Morkhoven" begonnen. 20 Menschen aus allen Schichten und Berufsgruppen widmen einen großen Teil ihrer Zeit – und auch ihres Geldes – dem aktiven Kampf gegen Kindesmissbrauch.

Zur Zeit liegen der Werkgroep 1600 Hilfsanfragen aus allen europäischen Ländern vor, pro Woche langen rund 240 Anrufe über geschändete und vermisste Kinder bei Marcel Vervloesem ein. „4000 Kinder verschwinden jährlich in Europa, viele verzweifelte Eltern bitten uns, ihnen bei der Suche zu helfen." Doch die Bürgerinitiative hat kein Büro, alles läuft ausschließlich privat ab. „Wir haben keinen Kopierer, einen uralten Computer und zwei Schreibmaschinen, das ist alles. Und wir arbeiten buchstäblich Tag und Nacht. Das Telefon klingelt ununterbrochen, meine Frau ist zurzeit zu ihren Verwandten geflüchtet", klagt Vervloesem, „sie hält die Situation bald nicht mehr länger aus."

Wobei es auch um die finanzielle Situation geht. Die Gruppe bekommt von nirgendwoher Unterstützung. Nicht nur, dass niemand ihre vielen, vielen Arbeitsstunden zahlt. Wenn ein Skandal wie der von Zandvoort aufgedeckt wird, klingelt das Telefon die ganze Nacht hindurch, weil auch Journalisten aus Übersee Infos wollen. Aber jeder der zahlreichen Briefe, die sie beantworten, jede Briefmarke muss aus eigener Tasche bezahlt werden; und jedes Telefongespräch, auch solche, die sie erhalten. „Journalisten rufen meistens vom Handy aus an und bedenken nicht, dass wir in Belgien die Hälfte der Gebühren tragen müssen. Wir haben Ferngespräche aus Italien, aus Japan, wo ja der Kindesmissbrauch besonders verbreitet ist

– alles müssen wir mitbezahlen. Wir können nicht mehr. Das Telefon ist jetzt abgestellt, wir können nur noch angerufen werden. Wir haben eine Rechnung von 3000 DM, wir können das nicht bezahlen!" Und auch die psychische Belastung ist enorm. Marcel Vervloesem zieht einen Brief aus der Tasche seines Anoraks, zeigt Fotos. Fotos von Kindern, die mit Elektroschocks gefoltert worden sind, um die sexuellen Lüste eines Mannes zu befriedigen. Die verzweifelte Großmutter fleht die Werkgroep um Hilfe an. „Und solche Briefe kommen täglich! Wir aber wissen bald nicht einmal mehr, wovon wir das viele Porto bezahlen sollen."

Warum machen die Kinderschützer das alles? Das sonst so offene Gesicht des streitbaren Mannes verschließt sich. „Ich selbst bin im Heim aufgewachsen, ich habe viel Schreckliches erlebt", antwortet er knapp.

Dass die Methoden des ehemaligen Privatdetektives und seiner Mitstreiter zur Ausforschung verschleppter Kinder oftmals nicht gerade zimperlich sein mögen und sich sicherlich manchmal auch am Rande der Legalität bewegen, wird in Anbetracht einer solchen Vergangenheit nur allzu verständlich. Als Kind seelisch oder körperlich missbraucht worden zu sein hinterlässt in den allermeisten Fällen lebenslange Wunden, die auf die eine oder andere meist verzweifelte Weise zu heilen versucht werden. Der eine wird selbst zum Missbraucher, der andere versucht, vielleicht auch mit Gewalt, missbrauchte Kinder zu retten.

Wenige Monate nach dem Gespräch mit Marcel Vervloesem stirbt im November 1998 die Internet-Spezialistin Cina Bernard-Pardaeus der Werkgroep Morkhoven unter merkwürdigsten Umständen bei einem Autounfall. Vor ihrem Tod wurden sie und ihr Sohn monatelang ununterbrochen durch anonyme Anrufe, Morddrohungen und auch durch Polizeiverhöre gequält. Sie hat bei den Aufdeckungsarbeiten Wertvolles geleistet und auch am Zustandekommen von Fernsehsendungen, die weite Bevölkerungskreise aufgerüttelt haben, mitgewirkt. Trotzdem hat die Werkgroep Morkhoven beschlossen ihre Arbeit fortzusetzen.

Die privaten Helfer

Dieses Buch will Kindern helfen. Schlicht und einfach und ganz unpolitisch. Mit diesem Wunsch ist jedoch die Erkenntnis verbunden, dass nicht allen Kindern geholfen werden kann. Die unendliche Größe des Problems darf trotzdem nicht davon abhalten, das Mögliche zu tun. Es geht darum, Kinder vor dem Missbrauchtwerden zu bewahren und missbrauchten Kindern das Lebensglück und die Zukunft zurückzugeben.

Helfen kann man nur, wenn man den harten Tatsachen ins Auge schaut. Die harten Tatsachen sind schrecklich und schrecklich umfangreich. Sie betreffen natürlich auch die Täter, also Menschen, die auch einmal Kinder waren, vielleicht missbrauchte Kinder. Die klare Antwort und die einfach durchzuführende Strategie bleibt dieses Buch schuldig. Es bemüht sich um Ansätze und eine moralische und politische Richtung, die das Heil der Kinder allem voranstellt.

Die Nichtregierungsorganisationen, allen voran ECPAT, in denen viele Menschen in selbstloser Weise arbeiten, müssen materiell und ideell unterstützt werden. Ebenso verdienen die rein privaten Initiativen wie die Werkgroep Morkhoven, die unter Einsatz von Gesundheit und Leben den Kampf zum Schutz unschuldiger Kinder gegen das organisierte Verbrechen und gleichgültige, oft korrupte Behörden aufgenommen haben, nicht nur Anerkennung, sondern auch tatkräftige Hilfe seitens der Bevölkerung und der Politik.

Was aber wird konkret getan, um nicht nur zu reden und anzuklagen, sondern wenigstens einigen Kindern zu helfen?

Die Kinderschutzorganisation PREDA auf den Philippinen

Einmal noch soll hier ein Beispiel gebracht werden, um zu verdeutlichen, wie unendlich wichtig persönliches Engagement ist.

1987 missbrauchte in Olongapo/Philippinen der österreichische Arzt Heinrich R. (32) aus Neuhofen das Kind Rosario Baluyot (genaues Alter nicht bekannt, zur Tatzeit vermutlich zwischen neun und zwölf Jahren) mit einem Vibrator so gewaltsam, dass die Maschine nicht nur die Geschlechtsorgane des Kindes bis ins Innere zerfetzte, sondern der Vibrator auch in ihrem Körper abbrach. Ohne sich weiter um das schwer verletzte Mädchen zu kümmern, verließ der Arzt den Tatort.

Das Kind aber starb eines qualvollen und langen Todes, ohne Schmerzmittel, ohne westliche medizinische Erleichterungen. Denn der Peiniger hatte es nicht einmal für nötig befunden, ausreichend Geld für die Behandlung seines Opfers zu hinterlassen.

Ein Fall, der weltweites Entsetzen hervorrief und den Schriftsteller Ludwig Fels zu seinem aufrüttelnden Tatsachenroman „Onkel Joe" motivierte.

Doch wurde der Täter vor seiner keineswegs überstürzten Abreise von einem Freund des ermordeten Mädchens, Mitopfer und Zeuge der grauenhaften Schändung, in seinem Hotel identifiziert und mit Hilfe des Priesters Shay Cullen verhaftet.

Allerdings nicht für lange. Aufgrund „juristischer Formfehler" wurde das Urteil gegen ihn aufgehoben und Heinrich R. als freier Mann in seine Heimat entlassen.

Wo er allerdings inzwischen, dank dem jetzt auch in Österreich gültigen Exterritorialgesetz, erneut inhaftiert worden ist.

Ein seltener Fall. Denn wo kein Kläger ist, ist auch kein Richter. Dass überhaupt hin und wieder, ausnahmsweise, ein solcher Missbrauch gerichtlich geahndet werden konnte, wie auch im auf Seite 19 ff. geschilderten Fall Thomas B., verdanken die kindlichen Opfer dem unermüdlichen Einsatz des irischen Priesters Pater Shay Cullen sowie den Mitarbeitern der Kinderschutzorganisation PREDA.

1973 gründete der damals 29-jährige katholische Priester gemeinsam mit engagierten philippinischen Sozialhelfern das PREDA Human Development Center, die erste Anlaufstelle für missbrauchte Kinder. Noch länger schon, seit 1969, streift der Pater mit seinen Helfern, als gewöhnlicher Tourist getarnt, durch das Rotlichtmilieu und sammelt Beweise gegen Sextouristen. Er verfolgt die Täter oft tage-, ja monatelang, filmt sie beim Ankauf von Mädchen, beobachtet sie in Hotels und Ferienclubs, versucht an Videos und Fotos heranzukommen, die sie von ihren Opfern machen.

Oft muss er sogar die Polizei bezahlen, damit sie überhaupt mit Nachforschungen beginnt. Zu lange schon ist die – offiziell ja verbotene – Prostitution ein gutes Geschäft auch für die schlecht bezahlten Beamten. Viele von ihnen haben aus ihr gleich doppelte Einnahmen: einmal von den Zuhältern, einmal von den illegal arbeitenden Prostituierten selbst.

Doch immerhin, über 40 Verfahren gegen Kinderschänder aus der ganzen Welt hat der tapfere Streiter wider den Kindesmissbrauch allein im Jahre 1996 in Gang gesetzt.

Und tapfer muss er sein. Morddrohungen gegen ihn sind an der Tagesordnung. Auch die Behörden würden ihn gerne als „unerwünschten Ausländer und Feind des Volkes" abschieben. Doch Shay Cullen gibt nicht auf, denn was ihn antreibe, bekennt er in einem Interview mit Clarissa Ruge im Buch „Tatort Manila", sei jener Tag in seinem Leben, als er in Olongapo ankam. „Ich ging durch Olongapo, um mich zu orientieren, und plötzlich bot man mir ein kleines neunjähriges Mädchen an."

„Ohnmachtsgefühl vermischt mit einer bodenlosen Wut", diese Gefühle beherrschen den Kämpfer noch heute. Dazu die Frage: „Warum? Wie kann jemand nur dazu fähig sein, ein Kind zu missbrauchen?"

Eine Frage, die ein touristischer Kinderschänder in „Die Vergewaltigung der Wehrlosen" von Ron O'Grady wie folgt beantwortet: „Ich tat etwas, was zu Hause verboten ist. Ich hatte das Gefühl, dass es nicht richtig war, was ich tat, aber es war großartig und versetzte mich noch im Nachhinein in regelrechte Euphorie": Kinderschändung als großartiger Ferienspaß.

„Ein Reisender kennt keine Scham", sagt ein japanisches Sprichwort, und immer mehr Männer reisen eigens zu dem Zweck, ihre zu Hause vielleicht noch wirksamen Schamgefühle loszuwerden, nach Asien, Afrika, Lateinamerika. Um im Urlaub endlich einmal ganz frei die Sau rauslassen zu können.

In seiner Studie „Whish you weren't here" stellt Kevin Ireland fest, dass „Touristen oft nicht nur ihre Hemmungen abstreifen, sondern auch einen großen Teil ihres sozialen Bewusstseins und Verantwortungsgefühls. Extern hemmende Fakten (wie aufmerksame Nachbarn oder misstrauische Ehefrauen) sind im gastfreundlichen Umfeld gewisser Orte […] nicht vorhanden, sodass nur wenig der Kontaktaufnahme […] mit einem potentiellen Sexualpartner entgegenwirkt. An solchen Orten hat die stete Verfügbarkeit von Kindern zur Folge, dass nicht erst der Widerstand eines Kindes gebrochen werden muss […] Besonders in Ländern mit einer fremden ethnischen Bevölkerung und einer deutlich anderen Kultur […] werden Rahmenbedingungen geschaffen, die die sexuelle Ausbeutung von Kindern erleichtern. Schlimmer wird alles noch, wenn Kunden von einer offenen Sexindustrie umworben werden."

Das „Haus der Wiedergeburt" in Natal, Brasilien

Und offen wirbt diese Sexindustrie allemal. Bumsbomber nach Thailand.

Wenn man sich die Werbeprospekte der einschlägigen Länder einmal genauer ansieht, erschrecken die zahlreichen, anscheinend harmlosen Abbildungen kindlich-jugendlicher Bikinimädchen. Dilma Felizardo, psychologische Leiterin des Zentrums für brasilianische Straßenmädchen im „Haus der Wiedergeburt" in Natal, der Hauptstadt von Rio Grande do Norte in Brasilien, das sich besonders um Kinderprostituierte bemüht, wird nicht müde, auf den Zusammenhang zwischen sexistischer (Fremdenverkehrs-)Werbung mit Minderjährigen und boomender Kinderprostitution hinzuweisen. Ihre These sowie die auch vieler anderer Sexualtherapeuten: Je unverblümter die Werbung den Reiz noch kindlicher Mädchen zur Schau stellt, desto selbstverständlicher wird dem Betrachter auch die tatsächliche Benutzung kindlicher Sexobjekte. „Wer erst einmal in bestimmter Richtung geweckt worden ist, der geht in der Regel auch weiter", bestätigt Prof. Max Friedrich ebenfalls. Und auch bei uns spielt die Werbung immer wieder mit der erotischen Anziehungskraft halbwüchsiger Lolitas. Eine Tendenz, die im Zuge der zahlreichen aufgedeckten Missbrauchsfälle langsam beginnt ins Kreuzfeuer der Öffentlichkeit zu geraten. Immerhin ist es der kämpferischen Therapeutin Felizardo und ihren Mitstreiterinnen inzwischen gelungen, wenigstens die offiziellen Reiseveranstalter Brasiliens von der sexistischen Vermarktung ihres Landes abzubringen. Wenn auch nicht die Reisenden selbst vom Missbrauch.

Das „Haus der Wiedergeburt", die „Casa Renascer" ist Teil des Programms der nichtstaatlichen Organisation CEBRAIOS (Informationszentrum für soziale Gesundheit). CEBRAIOS hält Kurse ab über Aids, betreibt sexuelle Aufklärung und führt eine Kampagne gegen Kinderprostitution.

Die „Casa Renascer" hat montags bis freitags von 8 bis 18 Uhr geöffnet, es gibt Therapiemöglichkeiten, die Mädchen kochen sich ihr Essen selbst, waschen ihre Wäsche, lernen lesen und schreiben. Abends, manchmal auch nur am Wochenende, sollen die Mädchen nach Möglichkeit in ihre Familien zurückgehen. CEBRAIOS bemüht sich, die Kinder so wenig wie nur möglich ihrer Familie zu entfremden, eher soll die gesamte Familie Unterstützung, auch psychologische Hilfe zur Selbsthilfe bekommen.

Mädchen ab vierzehn lernen deshalb in einer kleinen Werkstätte auch arbeiten, Decken weben und Hängematten knüpfen, eine Arbeit, die in der Regel sonst vor allem Männer ausüben, da sie verhältnismäßig gut bezahlt wird. Der Verdienst wird zwischen den Mädchen und dem

„Haus der Wiedergeburt" geteilt. Auch die Familien können bei Bedarf in der Werkstatt arbeiten, doch immer jeweils nur eine Person aus einer Familie, um möglichst vielen helfen zu können.

„Das Ziel ist nicht, dass sie nur lernen, wie man Hängematten macht und eine billige Arbeitskraft ist, wie man sie an jeder Ecke findet", erläutert Dilma Felizardo im Buch „Tötet unsere Kinder nicht" von Alice Strobl. Sie sollen auch die Bedeutung von Arbeit verstehen lernen, sagt sie weiter, und was Arbeit bedeutet. Denn auch wenn sie nicht ewig Hängematten knüpfen wollen, so erfahren sie doch, was es heißt, am Arbeitsplatz respektiert und nicht ausgebeutet zu werden und regelmäßig einen Lohn zu erhalten. „Und wenn sie selbst etwas aufbauen wollen, so haben sie schon gelernt sich zu organisieren, zu kämpfen."

Doch viele Mädchen können sich nicht mehr an ein geregeltes Leben gewöhnen, immer wieder gehen sie auf die Straße, um sich ein „Zubrot" zu erbetteln oder auch zu „verdienen". Daraus entstehen ständige Kämpfe mit ihren Betreuerinnen. Ähnlich wie bei anderen Projekten, wie etwa auch dem des Paters Shay Cullen auf den Philippinen, sind vor allem ältere Kinder, die erst einmal die „Freiheit der Straße" kennen gelernt haben, sehr schwer wieder an ein geordnetes Leben zu gewöhnen.

Für Mädchen aber, die auf der Straße schwanger geworden sind, stellen solche Projekte oft die einzige Rettung dar. Hier können sie lernen, allmählich sich selbst und ihr Kind zu versorgen, und in der geschützten Atmosphäre können sich, trotz schwerer psychischer Verletzungen, auch Fürsorglichkeit und Mutterliebe entwickeln.

Ziel des Projektes ist es daher auch, Mutter-Kind-Häuser zu etablieren. Allerdings mangelt es bisher an Geld. Im

Radio, im Fernsehen, in den Zeitungen bittet Dilma Feli-zardo um Unterstützung. Viele staatliche Stellen verweigern Gelder für das Projekt mit dem achselzuckenden Hinweis, dass es sich dabei nur um eine Utopie handle. Wer hilft, sind am ehesten die ärmeren Leute, die aus eigener Tasche beisteuern, was eben noch geht.

Wie überall aber erfahren die Mitarbeiter solcher Einrichtungen extreme Anfeindungen, die bis hin zu Morddrohungen gehen. Am Eröffnungstag der „Casa Renascer" protestierten empörte Anrainer mit einer Unterschriftenaktion gegen das Projekt. Die Vermieterin des Hauses wurde, zum Glück vergeblich, bedrängt den Mietvertrag nach einem Jahr nicht zu verlängern.

Das Projekt „Concordia" in Rumänien

Das Projekt „Concordia" soll als Musterbeispiel dafür erwähnt werden, wie durch Nächstenliebe und persönlichen Einsatz Straßenkinder und missbrauchte Kinder ein Zuhause finden. In ihrem beeindruckenden Fotoband „Um mich weint hier niemand" von Nora Schoeller schreibt sie: „Straßenkinder – Hoffnungskinder".

Alle Kinder, auch missbrauchte Straßenkinder, sind Hoffnungskinder. Es liegt an uns, ihnen die Hoffnung wiederzugeben und sie aus dem Elend herauszuholen. Der frühere deutsche Botschafter in Rumänien, Anton Roßbach, nennt das rumänische Projekt „Concordia" eine Antwort, die stellvertretend für andere notwendige Antworten auf die Herausforderungen unserer Zeit steht.

In der Nähe von Ploesti in der Walachei haben die „Concordia Sozialprojekte Pater Georg Sporschill SJ" ein Kinderdorf errichtet. Es besteht aus neun Kinderhäusern, die in einer Reihe stehen, mit je zwei Schlafzimmern mit Stockbetten für acht Kinder. Insgesamt 80 Kinder und Jugendliche wohnen in dieser ehemaligen Kolchose, genannt „Farm". Die meisten stammen vom Bukarester Bahnhof, wo sie Schlimmstes erlebt haben. Der österreichische Jesuitenpater Georg Sporschill hat sie vom Bahnhof geholt und ihnen ein neues Leben voll Hoffnung und Perspektive eröffnet. Mag sein, dass das „Concordia"-Projekt „nur" ein Tropfen auf den heißen Stein ist. Aber es ist ein Werk der Nächstenliebe mit Augenmaß und ein Wegweiser in Richtung Hoffnung.

DIE POLITISCHEN MASSNAHMEN GEGEN DEN KINDESMISSBRAUCH

Maßnahmen im Rahmen der internationalen Politik

Sextourismus mit Kindesmissbrauch, Menschenhandel zum Zweck der sexuellen Ausbeutung, Zwangsprostitution – im Hintergrund dieser modernen Sklaverei stehen hoffnungslose Armut und zunehmend krassere soziale Gegensätze. Das soziale „Auseinanderklaffen" spielt sich sowohl innerhalb einzelner Länder und Regionen wie auch zwischen Staaten ab. Die Politik in den reichen Staaten der Erde, vor allem in Nordamerika, Europa und Japan, ist gefordert tatkräftige Maßnahmen gegen diese neue Sklaverei zu setzen. Ein weltweiter wirtschaftlicher und sozialer Ausgleich, der die extremen Formen der Abhängigkeit und erzwungenen Selbstaufgabe beseitigt, muss Ziel der internationalen Politik werden. Große und kleine Schritte müssen im Bewusstsein dieser den ganzen Erdball umspannenden Tragödie getan werden.

Die europäische Entwicklungspolitik in Asien, Afrika und Lateinamerika muss die Probleme des Kindesmissbrauchs und des Menschenhandels strategisch berücksichtigen, auch die EU-Programme für die ehemaligen Ostblockstaaten und die Nachfolgestaaten der Sowjetunion müssen diese Thematik mit einbeziehen.

Im Bewusstsein, dass an der Basis globale sozioökonomische Probleme für die Missstände verantwortlich sind, muss man zunächst die Frage stellen, was weltweit und in

Europa bisher geschehen ist, um den sexuellen Kindesmissbrauch einzudämmen und zu bekämpfen.

Die Konvention der Vereinten Nationen über die Rechte des Kindes (20. November 1989) enthält in den Artikeln 19, 34 und 35 Bestimmungen über den Schutz der Kinder vor Misshandlung, sexueller Ausbeutung und Kinderpornografie. Die Konvention ist zwar von 190 Ländern ratifiziert beziehungsweise unterzeichnet worden, wird aber bei weitem nicht überall angewandt.

Im Bewusstsein der besorgniserregenden Zunahme der sexuellen Ausbeutung von Kindern haben die UNICEF und die in Bangkok ansässige Vereinigung ECPAT (End Child Prostitution in Asian Tourism) den „Weltkongress gegen die sexuelle Ausbeutung von Kindern zu kommerziellen Zwecken" veranstaltet, der auf Einladung der schwedischen Regierung vom 27. bis 31. August 1996 in Stockholm stattfand und folgende Ziele verfolgte:

- die Aufmerksamkeit auf die Schwere des Problems zu richten,
- sich durch Zusammenführen aller betroffenen Regierungen, Sonderorganisationen der Vereinten Nationen, NGOs, Polizeibeamten, Wissenschaftler eine umfassende Übersicht zu verschaffen,
- eine feierliche Erklärung und vor allem ein Aktionsprogramm zu verabschieden.

Obwohl das in Stockholm verabschiedete Dokument nicht rechtsverbindlich ist, stellt es dennoch eine Art moralische Verpflichtung der Teilnehmerländer (ca. 130) dar, den Kampf gegen die neue Form der Sklaverei mit einem Aktionsplan zu verschärfen, der bis zum Jahre 2000 umgesetzt werden soll und vier Bereiche umfasst: internationale Zusammenarbeit, Vorbeugung, Schutz und Wiedereingliederung der Opfer. Eine bessere internationale Zusammenarbeit soll beispielsweise „bis zum Jahre 2000 die Einrichtung von Datenbanken mit Informationen über bedrohte Kinder und über Kinderschänder ermöglichen". Die Vorbeugung richtet sich – abgesehen von den Kindern selbst – an die Adresse der Familien, der Lehrer, der Medien und der betroffenen Berufszweige vor allem im Fremdenverkehrsgewerbe. Der Schutz zielt auf die Stärkung der juristischen und polizeilichen Handlungsmöglichkeiten ab.

Die Wiedereingliederung schließlich soll mit Hilfe der Schaffung von Zufluchtsstätten für die betroffenen Kinder sowie Einrichtungen zur sozialen, medizinischen und psychologischen Betreuung und vor allem durch das Angebot alternativer Möglichkeiten zur Sicherung des Lebensunterhaltes erfolgen, um zu verhindern, dass die Kinder erneut in den Teufelskreis der Ausbeutung geraten.

Maßnahmen im Rahmen der EU-Politik

Im Anschluss an den „Weltkongress gegen die sexuelle Ausbeutung von Kindern zu kommerziellen Zwecken" und nach den Verbrechen der Kinderschänder in Belgien haben auch die Organe der Europäischen Union ihre Bemühungen zum Schutz der Kinder innerhalb wie außerhalb der Union verstärkt.

Seit geraumer Zeit befassen sich das Europäische Parlament (EP) und insbesondere seine Ausschüsse für Recht und Jugend mit Problemen wie der Entführung von Kindern, dem Sorgerecht, Kindesmisshandlung, Kinderarbeit, der schulischen Betreuung der Kinder von WanderarbeiterInnen etc. Überdies hat das Europäische Parlament in seiner Entschließung vom 16. Juli 1992 die

Verabschiedung einer Europäischen Charta der Rechte des Kindes befürwortet.

In seiner Entschließung vom 19. September 1996 zu minderjährigen Opfern von Gewaltverbrechen hat das Europäische Parlament die Union aufgefordert, die Wirksamkeit ihrer Maßnahmen zum Schutz der Kinder zu überprüfen und die Umsetzung des auf dem Kongress in Stockholm vereinbarten Aktionsprogramms auf der Ebene der Union ins Auge zu fassen.

In diesem Kontext bedarf es mehrerer Begriffsbestimmungen.

Als „Kind" ist jeder Mensch anzusehen, der das achtzehnte Lebensjahr noch nicht vollendet hat, soweit die Volljährigkeit nach den auf das Kind anzuwendenden nationalen Rechtsvorschriften nicht früher eintritt.

Unter sexueller Ausbeutung von Kindern werden folgende Handlungen verstanden:

- Die Verleitung oder die Nötigung eines Kindes zur Beteiligung an rechtswidrigen sexuellen Handlungen.
- Die Ausbeutung eines Kindes für die Prostitution oder rechtswidrige sexuelle Praktiken.
- Die Ausbeutung eines Kindes für pornografische Darbietungen und Darstellungen, einschließlich der Herstellung, des Verkaufs und des Besitzes solchen Materials zu persönlichen Zwecken.

Unter „Schutz der Kinder" ist die Gesamtheit der Vorkehrungen zu verstehen, die dazu beitragen sollen, den Minderjährigen eine normale Entwicklung und Entfaltung ihrer Fähigkeiten zu gewährleisten, damit sie zu lebenstüchtigen Erwachsenen werden, die in der Lage sind, ihre Verantwortung in Familie und Gesellschaft wahrzunehmen.

Am 12. Dezember 1996 hat das Parlament jeweils eine

Entschließung zum Schutz und zur Adoption von Minderjährigen angenommen. Das Parlament fordert den Rat und die Kommission auf, dem Kampf gegen Kinderprostitution, Kindersextourismus und Kinderpornografie Vorrang zu geben. In diesem Zusammenhang befürwortet es insbesondere:

- die Verabschiedung von innerstaatlichen gesetzlichen Bestimmungen, wonach die Staatsangehörigen der Mitgliedstaaten, die sich im Ausland sexuell an Kindern vergangen haben, vor ihre Gerichte gestellt werden können;
- das Verbot der Herstellung und des Besitzes von kinderpornografischem Material;
- Maßnahmen, die verhindern, dass die neuen Informations- und Kommunikationstechnologien (wie das Internet) zu illegalen Zwecken (Kinderpornografie, Information über Pädophilennetze etc.) eingesetzt werden können.

Der Rat der Justiz- und Innenminister hat auf seiner Tagung vom 29./30. November 1993 seine ersten Empfehlungen zur Bekämpfung des Menschenhandels zum Zwecke der Prostitution generell (darunter fällt auch der Kinderhandel) angenommen. Gleichzeitig sollen die Netzwerke der Prostitution (einschließlich der Pädophilenringe) zerschlagen werden. Zu den Zielvorgaben dieser Initiative gehören die Ausbildung von Polizeibeamten im Bereich der Bekämpfung des Menschenhandels, der Informationsaustausch zwischen den Mitgliedstaaten und der Einsatz sowie die Intensivierung der Zusammenarbeit zwischen den Verwaltungen und den Polizei- und Justizbehörden.

Auf Betreiben der irischen Präsidentschaft hat der Rat am 16. Dezember 1996 eine gemeinsame Maßnahme zur

Ausdehnung des Mandats der Europol-Drogenstelle auf den Menschenhandel angenommen. Allerdings wird ihre Arbeit erst dann volle Wirkung zeigen, wenn die Mitgliedstaaten das Europol-Übereinkommen ratifiziert haben.

Unter allen Maßnahmen hat die Vorbeugung Vorrang. Zu einer solchen Vorbeugung muss die Durchführung von Informationskampagnen gehören, die sich an die Familien und an die in den Bereichen Bildung, Gesundheitswesen, Justiz, Polizei und Fremdenverkehr tätigen Personen richten.

Die Europäische Union hat nun auch erste konkrete Schritte gesetzt. Es ist gelungen, eine zielführende Kooperation zwischen der Reiseindustrie, Nichtregierungsorganisationen (NGOs) und der Generaldirektion XXIII, die für den Tourismus zuständig ist, zustande zu bringen. Die Europäische Union stellte 1998 erstmals einen Betrag von einer Million DM zur Verfügung. Dieses Geld wird sinnvoll für die Prävention eingesetzt. Ein Videospot wurde gedreht. Dieser wird ab 1999 bei den Überseeflügen zweier bedeutender europäischer Fluglinien eingesetzt. Der Film gibt Auskunft über die Auswirkungen der sexuellen Misshandlung von Kindern in den Entwicklungsländern. Er weist auch deutlich auf die zu erwartenden Strafen hin. Auch eine Informationsbroschüre in großer Auflagenzahl wird mit Hilfe der Mitglieder des europäischen Reisebüroverbandes an Reisende verteilt. Ein eigener Kofferaufkleber zeigt, dass man sich ausdrücklich als Gegner des Kindesmissbrauchs deklariert und sich dazu verpflichtet Missstände sofort den Behörden zu melden. Es ist dies ein erster kleiner, aber konkreter Schritt, ein erfreulicher Anfang.

Der Vertrag über die Europäische Union hingegen enthält bisher keine spezifischen Vorschriften zu diesem Problemkreis. Es ist unerlässlich, dass in den Vertrag der EU ein Verweis auf die Rechte des Kindes aufgenommen wird. Im Hinblick auf die Harmonisierung von Begriffen wie „Kind" und „Pädophilie" sowie die im Falle der sexuellen Ausbeutung von Kindern verhängten Strafen ist eine juristische Zusammenarbeit der einzelnen Mitgliedstaaten vordringlich.

Im Rahmen des künftigen „Europäischen Informationssystems" (EIS) muss ein Zentralregister der entführten oder verschwundenen Kinder eingerichtet werden. Es sollte auch ein Zentralregister überführter Pädophiler eingerichtet werden.

Was die Haltung gegenüber Drittländern betrifft, muss die Union Druck auf die Länder ausüben bzw. die Zusammenarbeit mit solchen Ländern aussetzen, die Nachsicht gegenüber dem Sextourismus zeigen. Dagegen müssen die NGOs, die in den betreffenden Ländern im Kampf gegen das Übel engagiert sind, unterstützt werden.

Maßnahmen im Bereich der Strafverfolgung

Bei den Maßnahmen im Bereich der Strafverfolgung ist Folgendes erforderlich:
- Schaffung einer Datenbank mit Informationen über Kinderschänder.
- Einführung einer Verpflichtung für Pädophile, sich einer Behandlung zu unterziehen, um einem Rückfälligwerden vorzubeugen.
- Bestrafung der Herstellung, des Verkaufs, des Tausches und des Besitzes von kinderpornografischem Material zu persönlichen Zwecken.

- Verbote für die Reiseveranstalter, die den Sextourismus propagieren.
- Verabschiedung einer weltweit gültigen Exterritorialklausel, damit Täter zu Hause auch dann bestraft werden können, wenn die Straftat in dem Land, in dem sie begangen wurde, straffrei ist.
- Lückenlose Beseitigung der Bestrafung von Opfern.
- Beschlagnahme von Gewinnen aus Straftaten in Verbindung mit dem Kinderhandel.

Politische Hilfsmaßnahmen für die Opfer

Mit Blick auf Maßnahmen zur Wiedereingliederung ist Folgendes erforderlich:
- Absolute Gewährleistung der Vertraulichkeit für die kindlichen Opfer im Verlauf der Strafverfahren.
- Absolute Beseitigung aller auf die Bestrafung der Opfer ausgerichteten Ansätze.
- Der Wiedereingliederung der Opfer in die Gesellschaft und nach Möglichkeit in ihre Familie ist besondere Aufmerksamkeit zu schenken.
- Soziale, medizinische und psychologische Hilfsangebote für die Opfer.
- Schaffung alternativer Lebensmöglichkeiten für die Opfer.
- Einrichtung von Zufluchtsstätten für die kindlichen Opfer.

Die Europäische Union verfügt nicht nur im Bereich des Schutzes der Menschenrechte über Budgetposten, die für die Bekämpfung des Kindersextourismus eingesetzt werden können. Auch im Rahmen der globalen und wirtschaftlichen Zusammenarbeit zwischen der Europäischen

Union und Drittstaaten können Mittel gezielt gegen die sexuelle Ausbeutung von Kindern eingesetzt werden.

Maßnahmen im Bereich des Fremdenverkehrs

Die Fremdenverkehrsindustrie, die wegen des Sextourismus mit Kindesmissbrauch zunehmend ins Schussfeld der Kritik geraten ist, hat ebenfalls reagiert und anlässlich der Tagung der Welttourismusorganisation in Kairo im Oktober 1995 eine Erklärung zur Verhinderung des organisierten Sextourismus verabschiedet, in der der Sextourismus, bei dem Kinder missbraucht werden, missbilligt und verurteilt wird. Darüber hinaus hat die Vereinigung der nationalen Verbände der Reisebüros und Reiseveranstalter der Europäischen Union (ECTAA) am 20. Dezember 1996 in Brüssel eine „Erklärung gegen den Sextourismus mit Kindesmissbrauch" verabschiedet. In dieser Erklärung verpflichten sich die Mitglieder feierlich, niemals in irgendeiner Weise Reisen oder touristische Programme zu fördern, hinter denen sich pädosexuelle Absichten verbergen.

Es ist ein Faktum, dass Reisen, die dem Zweck der Kinderschändung dienen, häufig über Reisebüros gebucht werden. Die kriminellen Handlungen finden nicht selten in Hotels der Luxusklasse statt (mit oder ohne deren Dazutun). Der Transport zum Tatort erfolgt mit Flugzeugen der renommiertesten Fluglinien. Es ist daher notwendig, dass gerade die Verbände dieser Zweige der Reiseindustrie nicht nur Erklärungen abgeben, sondern sich auch aktiv für die Bekämpfung dieser Verbrechen einsetzen.

Die konkrete präventive Tätigkeit soll einerseits in den Herkunftsländern der Täter stattfinden. Durch gezielte und glaubhafte Information sollen die Print- und audiovisuellen Medien dazu bewogen werden, über das Elend, das Sexualtouristen an Kindern anrichten können, zu berichten. Schon in den Reisebüros sollen aufklärende und abschreckende Informationsbroschüren verteilt werden, ebenso auf Flügen zu möglichen Destinationen für Kinderschänder.

In den Destinationen des Sextourismus muss das Personal in Hotels und Restaurants so geschult werden, dass es sich offen gegen den Kindesmissbrauch stellt. Das Restaurant- und Hotelmanagement ist so auszubilden, dass es die Gäste auf die Problematik und auch auf die nationale Gesetzgebung und auf die Strafen für Rechtsbrecher aufmerksam macht.

Empfangspersonal und Sicherheitspersonal müssen angewiesen werden, die Polizei sofort zu verständigen, wenn Gäste Kinder in Hotels einschleusen. Ein eigenes Logo dafür – das bereits ausgearbeitet wurde – soll intensiv eingesetzt werden.

Es geht nicht darum, Destinationen schlecht zu machen. Im Gegenteil, gerade jene Länder, die wie Thailand, die Philippinen oder Brasilien, um nur einige zu nennen, Hauptziele der Kinderschänder sind, bieten den Besuchern unendlich viel kulturelles, landschaftlich und menschlich Erlebenswertes. Es ist geradezu absurd, die Befriedigung niedriger und dekadenter Triebe in den Vordergrund der Werbung zu stellen. Ganz andere Motive können ausschlaggebend sein, diese hochinteressanten Kulturländer zu besuchen.

Fluglinien und Reisevermittler, die sich der Herausforderung, den sexuellen Kindesmissbrauch zu bekämpfen, nicht stellen, tragen Mitverantwortung am Leiden und Sterben hunderttausender Kinder. Sie helfen mit, ihre eigene Branche in eine Situation der Kollektivschuld zu bringen und leisten den professionellen Verbrechen um die Kinderprostitution Vorschub. Von der Reiseindustrie sind daher konkrete Maßnahmen zur Information und Aufklärung zu erwarten.

Die gesellschaftspolitische Dimension

Nach Studien von Dieter Kleiber und anderen begründen die meisten Sextouristen ihr Verlangen nach sehr jungen, gefügig unterwürfigen Frauen mit der „weiblichen Emanzipation" in ihren Herkunftsländern. Die alte Rolle des Mannes als unbestrittener Herrscher ist brüchig geworden. Und noch ist keine anziehendere Rolle in Sicht.

Vor allem auch keine moralisch integre. Im Gegenteil. Nach jahrhundertelanger Unterdrückung holen die bis dato verachteten Frauen nun zum Gegenschlag aus. So wie vorher das Weibliche schlechthin der Unterwelt, d. h. der Hölle zugerechnet wurde, sind nun an allem Übel dieser Welt die Männer schuld. Eine erdrückende Schuldzuweisung, vor der man(n) nur noch im Kleinen, im Kindlichen verharren kann.

Verantwortung, auch Selbstverantwortung für die eigenen Triebregungen, die ja erst das Kennzeichen des Erwachsenseins wäre, ist weder als Tyrann noch als Sündenbock zu erlangen. Dazu brauchte es einer Kultur der Liebe, und zwar nicht nur der Liebe zwischen Mann und Frau als gleichwertige und dabei verschiedene Menschen. Es geht um die Liebe von Mensch zu Mensch, um die Wahrnehmung und Anerkennung des anderen als anderen.

Der Missbrauch von Menschen beginnt dort, wo ein anderer benutzt wird, um nichts als die eigenen Bedürfnisse zu befriedigen.

Wer sich zur Freiheit bekennt, fordert berechtigterweise auch sexuelle Freiheit. Sie ist ein selbstverständliches Grundrecht mündiger Menschen. Doch hat jede Form von Freiheit, erst recht aber die sexuelle Freiheit, ihre Grenzen dort, wo die Bedürfnisse anderer verletzt werden, wo Gewalt angewandt und gegen Gesetze verstoßen wird. Minderjährige in erwachsene sexuelle Praktiken hineinzuziehen heißt gegen Naturgesetze und gegen das Menschenrecht zu verstoßen.

Kindesmissbrauch und Kinderschändung geschehen zunehmend häufiger auch rund um unser vielleicht ansonsten behütetes Leben. Man schätzt, dass in der Europäischen Union eines von zehn Kindern davon betroffen ist. Jedes vierte Mädchen, jeder zwölfte Bub sollen unter wiederholter sexueller Belästigung zu leiden haben. Kampagnen wie die des britischen Kinderschutzbundes (NSBCC) bringen deshalb inzwischen ganz bewusst die verschiedenen Formen des Kindesmissbrauchs miteinander in Verbindung. Der NSBCC hat eine Plakataktion mit folgender Botschaft durchgeführt: Sie brauchen nicht 3000 km weit zu reisen, um ein sexuell missbrauchtes Kind zu finden. Sexueller Missbrauch passiert direkt vor unserer Haustür.

Manchmal ahnen wir es, fühlen wir es und wollen es nicht wahrhaben.

Zweifellos bestehen Zusammenhänge zwischen dem ungeheuren Ausmaß sexuellen Missbrauchs von Kindern in der Familie und globalen Entwicklungen wie dem ständig wachsenden Kindersextourismus. Es ist daher notwendig, die Entwicklung aus einer breiteren Perspektive zu betrachten. Wir müssen darin auch eine Frage des Machtverhältnisses der Geschlechter in unserer Familienstruktur sehen.

Der jahrtausendelang gezüchtete Anspruch des Mannes auf sein „Naturrecht auf Tyrannei" weicht in Zeiten langsam zunehmender Emanzipation auf das immer noch verfügbare Sexopfer Kind aus. Solange Mannsein mit Machthaber identifiziert wird und die in ihrer Weiblichkeit so lange missachteten Frauen zum Gegenangriff übergehen, werden wohl die verunsicherten Männer sich immer wieder an wehrlosen Opfern zu vergreifen versuchen, um ihre „männliche Identität" wieder herzustellen.

● Auch deshalb sind Forschungsarbeiten und Studien zum Profil von Pädosexuellen und Männern, die in der Familie Kinder und Frauen missbrauchen, dringend notwendig.

● Forschungen zum gesamten „Teufelskreis des Missbrauchs", d. h. zu den Zusammenhängen zwischen eigenem Erlebnis als sexuell missbrauchtes Kind und dem späteren Verhalten als Erwachsener, eventuell als aktiver Kinderschänder, sind Grundvoraussetzungen für effektive Maßnahmen zum Schutz der Kinder.

EPILOG

Sexueller Kindesmissbrauch ist zu einer Massenerscheinung geworden, die millionenfaches Leid schafft, aber auch auf die globale Zukunft der gesamten Erdbevölkerung Auswirkungen hat. Die Zahl der weltweit geschändeten, der versklavten, der verkauften, der gewaltsam in Bordellen, ja in Käfigen gehaltenen Kinder ist ungeheuerlich. Eine neue Klasse von Menschen, die Klasse der Geschändeten, ist entstanden. Viele dieser Kinder überleben ihre Qualen nicht. Diejenigen außerdem, die nicht das Glück hatten, eine Therapie zu erhalten, und das sind, vor allem in den armen Ländern, die allermeisten Missbrauchsopfer, sind besonders anfällig, als Erwachsene selbst aktive Mitglieder des pädosexuellen Milieus zu werden. Der Kindesmissbrauch hat seine Transport- und Kommunikationswege gefunden: Massentourismus und Internet. Aus dem verstohlen nur mit Hilfe seiner Fantasie sündigenden, geheimen Pädosexuellen ist ein Pädosurfer und Weltreisender geworden. Die steigende Kaufkraft und die Intelligenz der Perversion bedienen sich ungeniert bei der zunehmenden Armut und der ohnmächtigen Verzweiflung.

Die allgemeine Übersexualisierung, der Konsumsex, durch die Medien gefördert, verroht die Zivilisationsmenschen und macht sie potentiell gefährlicher. Der Mitmensch ist dringend gefordert, aufmerksam zu sein. Auch die engste Welt, die nächste Umgebung kann moralische Entfernungen unvorstellbaren Ausmaßes beherbergen.

Wer sieht, muss handeln und darf nicht wegschauen. Der sexuelle Kindesmissbrauch findet weitgehend im Verborgenen statt. Sextourismus und organisierte Pädosexualität sind zwar Massenerscheinungen geworden, sie sind aber dennoch nur die sprichwörtliche Spitze des Eisberges.

Es wäre oberflächlich zu sagen, wenn es so viel sexuellen Missbrauch im eigenen Umfeld gibt, haben wir keine Zeit, uns um die Probleme der übrigen Welt zu kümmern. Wer so denkt, sündigt. Denn gerade er schließt seine Augen auch dann, wenn sein Nachbarkind geschändet wird.

Gleichgültigkeit ist ein Bruder des Verbrechens

Gleichgültigkeit ist kalkulierte Feigheit. Nur wenn wir die Feigheit abschütteln und individuellen und kollektiven Mut zeigen, werden wir Kinder vor der Erniedrigung und vor dem „Zertretenwerden" retten. Das moderne Sklaventum und der neue Sklavenhandel sind nicht nur Ergebnisse historischer, weltpolitischer Entwicklungen, sie sind auch Teil einer Gesellschaft, die grenzenlos in ihren Ansprüchen und ihrer Gleichgültigkeit gegenüber menschlichem Leid geworden ist. Der Kampf gegen Kinderschändung beginnt im eigenen Herzen.

Es müssen sich Menschen zusammenfinden, die bereit sind aktiv einem der grausamsten Verbrechen an den Kindern dieser Welt den Kampf anzusagen. Entschlossenheit und Mut sind notwendig. Aber auch Opferbereitschaft. Noch gibt es kaum Heime für die Opfer der Kinderschänder. Mit Hilfe von Sponsoren und mit der Unterstützung der Europäischen Union muss umgehend darangegangen werden, Auffangeinrichtungen für die Opfer der Pädophilen einzurichten. Auch wenn es sich dabei nur um sehr beschränkte, punktuelle Aktionen handelt und es vor allem notwendig ist, dieses Übel an der Wurzel zu bekämpfen, wird schon durch die Linderung des Leidens einzelner Kinder unendlich viel erreicht. Vielleicht wird durch solche Einrichtungen die Aufmerksamkeit der Menschen auf die überwältigende Dramatik dieses Problemes gerichtet.

Die übersexualisierte Gesellschaft

Aber trotz dieser Einrichtungen, trotz der ersten konkreten Schritte, trotz der ersten erfreulichen Anfänge bleiben noch viele Fragen ungeklärt.

Unsere Kinder sind heute einer Dauerberieselung mit direkten, nicht selten geradezu aggressiven sexuellen Reizen ausgesetzt, wie sie vor zwanzig Jahren noch undenkbar war. Andererseits ist das offene, von Respekt und Verständnis getragene Gespräch über Geschlechtlichkeit und Liebe immer noch eine Seltenheit in unseren Familien. Wo und wie wird die nachfolgende Generation überhaupt auf eine respektvolle, von *Liebeslust* erfüllte Partnerschaft vorbereitet?

Man muss kein Kinderschänder sein, um Heranwachsende für diese aus Liebe erwachsende Lust zu verderben.

Als skandalösestes Beispiel für unsere verquere Doppelmoral (wie auch für eine skandalös verantwortungslose Politik) wird die Entscheidung des amerikanischen Kongresses in die Geschichte eingehen, die Clinton-Lewinsky-Affäre in allen Details weltweit über Internet zu publizieren. Die Globalisierung der Perversion durch den amerikanischen Kongress! Wobei weniger die aus globaler Sicht ja nichts als peinlich banale Affäre schockierend ist als die Tatsache, dass diese private Schmuddelgeschichte öffentlich der ganzen Welt (und damit auch den zahlreichen kindlich-jugendlichen Internet-Usern) zur Ansicht feilgeboten wurde. Der amerikanische Präsident als Hauptakteur einer schmierigen Story: Von sexueller, geschweige erotischer Kultur kann keine Rede sein. Von Verantwortung unserer Jugend gegenüber, gar von Kinderliebe, mit der sich so viele Politiker gern schmücken, erst recht nicht.

Überhaupt ist diese so dekorative, allgemeine Kinderliebe, die nicht wenige – und insbesondere Politiker – wie einen Ausweis für ihre Menschlichkeit benutzen, oft ziemlich verlogen. Das Kind als Werbefaktor missbraucht – wie schöne Frauen und auch Tiere. Das Benützen von Kindern für machtpolitische Zwecke *ist* auch eine Art von Kindesmissbrauch, erst recht dort, wo nüchterne Werbestrategen Kinder verwenden, um einem Machtmenschen ein besseres Image zu verschaffen. Auch Hitler ließ sich am liebsten mit Hunden oder kleinen Kindern auf dem Schoß ablichten. Wie mag diesen Opfern seiner Imagepflege zu Mute gewesen sein, als sie, erwachsen geworden, erkennen mussten, dass sie geholfen hatten das Image eines perversen Massenmörders zu polieren?

Auch im Marktspiel von Angebot und Nachfrage werden Kinder missbraucht: Das Kind als Konsument, das in sehr vielen Familien die wichtigsten Kaufentscheidungen mit beeinflusst, ist Opfer der Werbestrategen, die mit der kindlichen Verführbarkeit rechnen und sie schamlos für ihre Zwecke nutzen. Wo also beginnt der Kindesmissbrauch, wo endet er?

Die wahre Kraft im Kampf gegen den Kindesmissbrauch in all seinen Auswüchsen kann nur in unseren eigenen Herzen, aus der Selbsterziehung von uns Erwachsenen entstehen. Das ist eine Selbsterziehung zur Verantwortung, um Antwort geben zu können auf die Frage:

„Wo warst du, als man mich vergewaltigte, schändete und schlug? Hast du weggeschaut oder mitgeholfen?"

„Lasset die Kinder zu mir kommen und wehret ihnen nicht, denn ihrer ist das Himmelreich … Wer aber ärgert dieser Kleinen einen, dem wäre besser, dass ein Mühlstein an seinen Hals gehängt und er ersäuft würde im Meer, da es am tiefsten ist" (Markus 9/Matthäus 18).

QUELLENVERZEICHNIS

Ch. Bagley/L. Young, Juvenile Prostitution and Child Sexual Abuse, A controlled Study, Ottawa 1986

Martin Block (Hrsg.), Tatort Manila, Rowohlt 1998

Jürgen Dauth, Die alltägliche Ausbeutung in Betrieben und Bordellen, in: Thailand Broschüre des Vereins Leben E. V., Hamburg 1984

Jürgen Dauth, Der millionenschwere Markt mit dem organisierten Sextourismus, Frankfurter Rundschau 2. 2. 1984

Detlef Drewes, Sextourismus, Kinderprostitution und Kinderpornografie im Internet, o. A.

Ludwig Fels, Mister Joe, Luchterhand 1997

Max H. Friedrich, Tatort Kinderseele, Sexueller Missbrauch und die Folgen, Ueberreuter 1998

Heidi Gerlinger, Sehnsucht nach Liebe? Eine Analyse des Phänomens Kinderprostitution, Verlag der Jugendwerkstatt Östringen E. V. 1994

Global Survival Network USA, diverse Veröffentlichungen

Ron O'Grady, Die Vergewaltigung der Wehrlosen, Sextourismus und Kinderprostitution, Hurlemann Verlag 1997

Kevin Ireland, Wish you weren't here, Save the Children Fund (UK), Working Paper No 7, Sept. 1993

Peter Jamin, Sexopfer Kind, Die Hintergründe des Falls Dutroux und die Machenschaften der internationalen Pornomafia, Bastei Lübbe 1997

Dieter Kleiber/Martin Wilke, Aids 6 (Sex-)Tourism, Sozial-pädagogisches Institut, Berlin 1990

Christian König (Hrsg.), Gestörte Sexualentwicklung bei Kindern und Jugendlichen, Ernst Reinhard Verlag 1989

Susanne Lipka, Das käufliche Glück in Südostasien, Hei-ratshandel und Sextourismus, Westfälisches Dampfboot 1989

Mitteilung der EU-Kommission über die Bekämpfung des Sextourismus mit Kindesmissbrauch vom 27. 11. 1996

Pamonsai/Fua, Thai Frauen, ein weiter Weg zur Freiheit, Thai Korrespondenz 7/8, München 1980

Rotraud Perner (Hrsg.), Zuliebe zu Leibe, Über die Mög-lichkeit und Unmöglichkeit kindlicher Erotik, Edition Tau 1991

Pasuk Phongpaichit, From peasant girls to Bangkok masseu-ses, International Labour Office, Genf 1982

Andrea Rothe, Männer, Prostitution, Tourismus, Wenn Herren reisen …, Westfälisches Dampfboot 1997

Nora Schoeller/Ruth Zenker, Um mich weint hier niemand, Verlag Styria 1997

Eberhard Schorsch, Perversion, Liebe, Gewalt, Beiträge zur Sexualforschung 1961 bis 1991, Enke Verlag

Martin Schulz, Bericht über die Mitteilung der EU-Kom-mission über die Bekämpfung des Sextourismus mit Kindesmissbrauch am 9. Oktober 1998

M. Silbert/A. Pines, Sexual child abuse as an antecedent to prostitution, Child Abuse and Neglect, Vol. 5, San Fran-cisco 1981

Michael Speckter, Contraband Women, A special report on traffickers, new cargo, naiv slavic women, New York Ti-mes 11. 1. 1998

Alice Strobl, Tötet unsere Kinder nicht! Vom Schicksal brasilianischer Straßenkinder, Verlag Styria 1994

K. D. L. Weisberg, Children of the Night, A Study of Adolescent Prostitution, Lexington Books, Toronto 1985